竹林七贤传

狂我的狂妄，荒我的荒唐——

晓松溪月 著

江苏凤凰文艺出版社
JIANGSU PHOENIX LITERATURE AND
ART PUBLISHING

图书在版编目（CIP）数据

竹林七贤传：狂我的狂妄，荒我的荒唐／晓松溪月
著. -- 南京：江苏凤凰文艺出版社，2020.12（2024.9重印）
ISBN 978-7-5594-5157-6

Ⅰ.①竹… Ⅱ.①晓… Ⅲ.①竹林七贤－列传 Ⅳ.
①K825.6

中国版本图书馆CIP数据核字(2020)第169132号

竹林七贤传：狂我的狂妄，荒我的荒唐

晓松溪月 著

责任编辑	白 涵	
特约编辑	谢婧怡	
装帧制作	小 T	
责任印制	刘 巍	
出版发行	江苏凤凰文艺出版社	
地　　址	南京市中央路165号，邮编21009	
网　　址	http://www.jswenyi.com	
印　　刷	北京中科印刷有限公司	
开　　本	880毫米×1230毫米　1/32	
印　　张	7.25	
字　　数	172千字	
版　　次	2020年12月第1版	
印　　次	2024年9月第6次印刷	
书　　号	ISBN 978-7-5594-5157-6	
定　　价	42.00元	

江苏凤凰文艺版图书凡印刷、装订错误，可向出版社调换，联系电话025-83280257

序

夜，又来临了，温良如千年之前。

漫天星月是画，四野黑幕是纸。此刻，闭目冥想，最适合怀古思远了。

魏晋，说来已是千年前的记忆。

在那里，他们似乎全都活成了神仙，轻裘缓带，不鞋而屐，简约淡泊，超然绝俗，仿佛一辈子都在过着闲云野鹤的生活。然而，世上有多少事是被才情文章放大了的，以至于我们只看到风流，却看不到背后的凄楚。

其实，魏晋时代并不好过。

那些闲情雅致，也许只是他们看破了天命。

那些曲水流觞，也许不过是愁绪萦怀的释放。

至于坐看四海潮生，泛舟湖上，遥望远山群黛，舒活胸襟，更有着无尽苍凉的过往和不如意的人生横亘心间。

所以，他们的个性张扬，放浪形骸，大抵是对那个黑暗时代的无声控述。

在中国数千年的历史长河中，魏晋是承上启下的关键时期。

它上承东汉末年，三国分立，天下割据；下启隋文帝代周建隋，吞并陈国，结束南北分裂的局面。因为是这样的处境，所以魏晋正是夹在其中的乱世。

长期的战乱和离愁自然不会少，几乎在覆手翻云间，就已见生死离别，妻离子散。

生命的短暂和可贵，让他们逐渐认识到活着的价值。既然生命的长度不能无限延长，何不拓展它的宽度，让随时会被意外夺走的生命寻觅到一丝慰藉呢？

于是，就有了魏晋风骨。

风是风神，骨是骨骼，最早用于品评人物。有人认为风骨即风格，也有人认为风骨即形式、文辞与内容、思想的关系。《解说》中提及的"风清骨骏"，乃是一种文情并茂、结构严谨、刚健郎畅的美。

这便是后世所乐道的魏晋风骨了。

任何一个战争频仍、诸国并立的乱世，思想和学术都是极度活跃的。也许，统治者的心思都放在了征战上，故而对文化舆论疏于管制。

于是，我们看到战国时期百家争鸣，诸子林立；看到三国时期，英雄辈出，才人如泉；也看到近代，大师云集，文人浩瀚。

当然，魏晋时期的思想也很包容，个性没有约束，写作自由晓畅，曾留下很多人文滋生的土壤。那时的人文如同山林里的溪水，想往哪里去便往哪里流。

然而，月有阴晴圆缺，事也有不尽如意的地方。

人的个性得到解放，不代表人的理想也是随手采摘的。那时，新兴的门阀士大夫阶层的生存并不自由，甚至可以用险恶非常来形容。

他们无力掌握自己的命运，也没有机会登堂入室，拼一个名满天下。

他们只能驾一叶扁舟，在浩瀚无垠的深海里无目的地探索，谁也不知道什么时候能出人头地，也许一辈子就这样漂流不定了。

既然无法纵情于理想，他们只好张扬自信风流的人格思想了。

他们可以潇洒随性地过活，可以不滞于物，也可以不拘小节。

他们喜欢特立独行，也喜欢雅集群饮。

于是，在那被竹林清风侵染过的时代洪流中，涌现出了许许多多冠绝古今的人物。

如正始才俊何晏、王弼，中朝隽秀的王衍、乐广，令后人模仿敬仰的书圣王羲之，屡辞征辟的谢安，江左领袖王导，以及一听到名字，就仿佛置身浩渺烟波里的竹林七贤。

他们莫不是清峻通脱，身上自带一派"烟云水气"，同时又散发着"风流自赏"的气度。

这其中，竹林七贤应该算是魏晋风度的代表了。

七贤一词最早出现于《三国志》卷二十一《魏书·嵇康传》裴松之所注引的《魏氏春秋》之中，文曰：

（嵇）康寓居河内之山阳县，未尝见喜愠之色。与陈留阮籍、河内山涛、河南向秀、阮兄子咸、琅琊王戎、沛人刘伶相善，游于竹林，号称为七贤。

他们在生活上不拘礼法，经常聚集于清风阵阵的竹林，喝酒纵乐，清静无为，潇洒倜傥，别有风度。世谓之七贤，后与地名竹林合称，曰竹林七贤。

他们的名字个个如雷贯耳，有嵇康、阮籍、山涛、刘伶、阮咸、向秀、王戎。

性格也各有千秋，行事自成派系，深为后世所爱。

光阴驻留，往事如昨。

千年前的事今朝再读，依然清晰如星斗。

就让我们穿越千年的光阴，从这卷书册中与他们近距离凝望，用当世的眸光，一起来感受那浸透骨髓的魏晋风骨吧。

目 录
contents

阮籍

第一节 "磨人"的父子俩

建安十五年（210），陈留尉氏。

孤寂的夜，散发着孤寂的光，

清冷的屋子里，昏暗的灯光打在一个人身上。

他叫阮瑀，字元瑜，年轻时曾拜在蔡邕门下，因得名师指点，文章写得颇为风流简约，精练老到，曾闻名于世。

阮瑀是一个悠闲的人。

他做任何事都很悠闲。

现在的阮瑀，就在很悠闲地品茶。

他的妻子却愁眉不展，一面轻轻拍打着刚出生的阮籍，一面叹道："这都要大祸临头了，你居然还能坐得住。"

阮瑀呷了一口茶，笑道："什么祸？我怎不知？"

妻子望向浓浓的夜色，神色复杂地道："我听说，昨日曹操在城门口贴了一个告示，要什么唯才是举。我还听人说，你就是他网罗的首批人才之一。"

阮瑀淡淡地笑道："他传唤我多次，何曾得手？只要我不去，定不能拿我怎么样。"

妻子低眉道："人家是丞相，你不去，自有法子对付你。"

阮瑀意味深长地笑道："夫人请放心。所谓，兵来将挡，水来土掩，我自有办法。"

他的确有办法。

他的办法就一个字——躲。

为了不给家里添乱，他每天都在外面过夜。

他遇见曹操的人就藏，藏不住了，才很从容地上前行礼道："诸位辛苦。烦劳回禀丞相，就说寒门添子，事务繁杂，过些日子，小人一定答复。"

答复只是缓兵之计。

他又开始了漫长的游击战。

某日，山中清风如雨，花开满野。阮瑀正和几个友人踏青，忽然听到一阵短促的马蹄声。友人说，好像是曹操的人马。阮瑀知道大事不妙，赶忙遣散友人，自己则往山顶跑去。

巍峨的山麓之下，曹操急急勒马，用豪迈的目光环顾四周，大声道："阮先生，孤知道你在里面。孤求贤心切，还望先生见孤一面。"

无人回应。

徒留余音盘桓。

戛然之后，那爽朗的笑声又道："从前，孟公绰担任晋国赵、魏两家的总管，世人都认为那是大材小用，屈才。可让他担任滕、薛小国的大夫呢，又实不堪大任。如此看，只有清廉的人才能用，断不可靠。否则，齐桓公如何称霸诸侯呢？孤认为，凡是人才，统统可用！"

雄音激荡，开山劈石。

末了，曹操再度霸气地说道："孤要一统天下，就要网罗四海群英。无论是何人，只要有才，孤便用他们！这也是孤下达《求贤令》的目的，阮先生不会不知吧？今日，孤要亲自请先生下山！"

须臾。

幽幽山林之中，忽而响起整齐划一的呼号，气沉丹田，震天撼地："曹丞相请阮先生下山！曹丞相请阮先生下山！……"

如此激荡的声音，阮瑀不会听不到，但他不会发声，因为发声意味着暴露。

半个时辰过后。

那个雄霸天下的声音又响了起来，笑道："如果先生在山上迷了路，孤不妨帮先生一把！"说着，大手一挥，喝道，"放火，烧山！"

蔚蓝的天际之下，火光熊熊燃起。

阮瑀退避无路，又不想草草死了，只能灰溜溜地下山。

他纵然是万般不情愿，也要装作很情愿的样子，向曹操行礼道："丞相果然高明。知道小人迷路，特意点一把火引导小人下山。"

曹操笑道："哎，这可不是孤的功劳。这是先生聪明，见了火，就知逃。"

阮瑀知道是挖讽，还是怯怯地道："是，小人感谢丞相救命之恩。"

曹操笑道："既然感谢，就得有行动吧？这样，请先生随孤回去，助孤成几件大事。事成之后，定不会亏待先生。"

话都到这个份儿上了，阮瑀敢说一个不字吗？

他不敢。

他终究是怕了。

在传统中国人的骨子里，很多人巴不得做官，因为那是光宗耀祖唯一的捷径。

阮瑀就不同了，他是赶鸭子上架，淫威之下做了官。然而，也多亏了曹操，阮瑀才有了后来的辉煌，成为著名的"建安七子"之一。

父亲是曹操身边的大红人，阮籍的童年自然风光。

他从小就是"别人家的孩子"。

直到三岁父亲因病去世，显赫的家室依然照耀着小小的阮籍。只要提到父亲的名字，谁都会恭恭敬敬，顶礼膜拜。

可父亲的名声再大终究是父亲的，与自己何干？

阮籍不喜欢活在父亲的光环之下，所以在三十三岁之前，几乎都没有入过仕。三十多年来，他都是闷在家里，苦读诸子百家、诗词歌赋，也常击剑、抚琴。

只盼望，有朝一日，卧龙终得水，翻江立乾坤。

当然，阮籍也很清楚，时日不到，再好的机会也强求不得。

他愿意等，多久都无所谓。

正始三年（242）的一天，阳光明媚，春暖大地。

叔公阮武急匆匆地来找阮籍。

其实，阮武经常找阮籍谈话，并不稀奇，但这一次比较特殊。

阮武是阮瑀的族兄。

自阮瑀去世后，阮武就承担起照顾阮籍的诸般事务，教他读书习字，还帮他物色名师。为了阮籍，这个叔公操碎了心。因而，阮籍很敬畏阮武，也曾一度把阮武当父亲看待。

阮武见了阮籍，语重心长地道："籍儿，你今年三十一岁了，是时候出去历练历练了。"

阮籍淡淡地笑道："叔父莫急，时机不到，等几年再说吧。"

阮武不悦道："孔子云：三十而立。你这都三十一了，家没成，事业也不成，如何对得起你亡父的英灵。"

阮籍最怕拿父亲说事，想了想，才反问道："说吧，这次又想给我介绍什么差事？"

阮武笑了道："兖州刺史王昶幕府中缺一属官，我推荐你去了。"

阮籍一扬手，几分高傲地道："兖州之地？不去。"

阮武问道："为何不去？"

阮籍道："地方太小，装不下我。"

阮武一呆，因气恼不过，随手摸起墙角的一把扫帚，边打边骂，终于把他骂答应了。

阮籍说的不去，不过是玩笑话。

阮武打阮籍，也是出于玩笑。

叔侄都是玩笑，也都用玩笑解决了这件事。

次日，阮武高高兴兴地带着阮籍去王昶家了。

一见王昶，阮武就笑呵呵地开门见山道："不瞒王大人，也不是老夫感觉良好，我这个侄子，肚子里确实有点墨水。"

阮籍很不要脸地点头。

阮武又道："小儿五岁熟读《诗》《书》《礼》《春秋》，六岁读《老子》《庄子》，八岁属文，十一岁名声传遍乡野，十三岁……"

阮籍继续不要脸地点头。

阮武很生气地瞥了他一眼，才笑着对王昶道："哎呀，王大人应该看过他的文章了吧？不知意下如何？"

王昶看着阮籍笑道："看过。阮兄文风洒脱，行笔豪迈，是好文章。"

阮籍微微眯着眼，深深冲王昶点了点头。

王昶兴致已来，笑问道："既然阮兄有如此才情，可懂得做官之道？"

阮籍不说话，形如雕塑。

阮武努力给他使眼色，好大一会儿后，他的头才像水轮一样逆着转了一圈。

王昶恍然大悟，笑道："阮兄是想考我？好，我索性猜一猜。阮兄的意思是，敢于跟权贵做斗争，永远保持战斗精神？"

阮籍不答，又顺着转一圈头。

王昶剑眉微蹙，又道："哎呀，看来是猜错了。那这句话的意思是，跟着权贵走，要风得风，要雨得雨？"

阮籍还是不答，神色更加复杂起来。末了，才见他左点一下头，右点一下头。

王昶犯起难来，支支吾吾，一言难出。

阮武赶紧圆场，呵斥道："你这是什么意思？有话说话！来的时候还好好的，怎么见了王大人，就成了提线的木偶？"

他现在的确是提线的木偶。

因为他不想说话。

如果阮籍不想说，就算一把大刀架在他的脖子上，他也会笑着就义。

当然，不说话还是可以做动作的。

他叹息地摇了摇头，再也不动了。

王昶很尴尬，尴尬得以至于脸笑着笑着就僵了，只好怎么圆也圆不过来地道："这……这……哈哈……哈哈……阮兄真是有意思……有意思……"

尴尬的会面，只能以尴尬收场。

回来的路上，阮武背着手在前面气哄哄地引路，责备道："太放肆了！太放肆了！你没有看到，王大人的脸都快气绿了！"

阮籍事不关己道："如果他的脸真是绿的，说不定就答应他了。"

阮武气得瞪他一眼，冷哼道："你少得意！别以为世上就你读过两本书，有点墨水。王刺史也非等闲之辈，人家自幼才学满腹，文武兼备，治军治民，成绩斐然。在他的幕府为官，不委屈你。"

阮籍笑道："我看未必。"

阮武道："未必？"

阮籍笑道："听过对牛弹琴吗？"

阮武反问道："什么意思？"

阮籍冷笑道："今日在酒宴上，我点头摇头，即为弹曲。个中音妙，知者自知。"

阮武还是不知何意。

阮籍解释道："我一言不发，原因有二。一、我不想在地方幕府为官，要去，就去洛阳做官。二、如果他真的聪明，也明白我的意思，跟他做几年官倒也无妨。"

阮武当即啐道："你又是摇头，又是画圈，恐怕只有哑巴才知道你的意思吧？"

阮籍摇头笑道："只可惜，他还真不如哑巴。"

阮武问道："那你是什么意思？"

阮籍道："他问我何为做官之道，我答复了四个动作。逆着摇头表逆境，顺着摇头表顺境，左点头表过去，右点头表将来，水平摇头表一言不发。"

阮武抱怨道："这动作连哑语都算不上，哑巴也难猜。你让王大人猜，定然猜不出。"

阮籍笑道："懂得人就不难猜。"

他抬起头来，仰望着蔚蓝的天空，悠悠地道："我是想告诉他，做官最大的诀窍便是：有些时候，无论顺境还是逆境，无论过去还是将来，一言不发要比错口失言更容易成事。"

言罢。

他浅浅叹了口气道："我们对做官之道见解不同，日后共事，只怕分歧更多。"他笑着摇了摇头，看一眼阮武，就迎上前方的落日余晖，潇洒地走远了。

第二节 这个年轻人不太听话

阮籍不愿意加入王昶的幕府，也是周详考虑过的。

也许，他觉得在地方幕府为官委屈了自己；也许，他是觉得跟王昶的性情不合，将来共事很难。

不论怎样，冲当朝官员的脸扇几巴掌是很容易出名的，这次辞官就让他在名士道路上更进一步。

此后数个月，阮籍开始玩消失，大门不出，二门不迈。

——闭关。

闭关的目的也很简单，等着天上掉馅饼。

馅饼就是官职。

在魏晋，很多风流名士都不会自荐做官，毕竟白送的再贵也便宜，想买的再便宜也贵。货物如此，为官也如此。

为了增值，他们都喜欢做一件事。

扇几巴掌名人的脸，当然，最好是做官的。因为这样很容易上达天听。人都是有好奇心的，这么有种的人，谁不想见一见？

沽名钓誉也好，寻奇搜怪也罢。

见一见，就知道几斤几两了。有才的收入麾下，无才的图个乐呵。

很快，馅饼就砸到了阮籍的头上。太尉蒋济听说阮籍有才华，就以辟除的方式，点名征招他到太尉府做幕僚。

阮武没想到，阮籍戏耍一下当朝官员居然还能捡到一个官。他心里想，真是应了一个规律：打不过也要装一装狠，万一对方怕了你呢？

阮武笑着对阮籍道："哎呀，蒋太尉是曹丞相身边的大红人，你在他那里做官，将来大有前途，说不准也会像你父亲成为曹丞相的左膀右臂！哎呀，今晚，咱们叔侄俩不醉不归。"

阮武说话很算数。

他醉了。

阮籍却没有醉。

阮籍在想事情，一件还没有发生，但他必须想的事情。

这个蒋济的能耐不小，解过合肥之困，也因对淮南民众内迁大有见地深得曹操赏识。后来还加封为丹阳太守，而今更是做到太尉一职。

身居高位，直面曹操，野心勃勃，笑面如虎……

能想到的词，阮籍都在脑海里过了一遍。

过完之后，他就要开始行动了。

他的行动很简单——睡觉。无论多棘手的事，只要明天醒来，就能解决。当然，解决不了的怎么办呢？也是睡觉，大不了，明天醒不来。

第二日，阮籍在叔父和母亲的送别下，独自踏上萧萧瑟瑟的洛阳之旅。

在洛阳，一个年轻的官员接见了他。

这人是蒋太尉安排的，他简单地说明太尉府的情况之后，对阮籍道："阮先生，实在不好意思。太尉近来公务繁忙，恐怕明日才能面见先生。"

阮籍笑道："大人客气了。不过是等一晚上，应该的，何来歉意？"

这夜，阮籍睡得很踏实，因为这个世上，好像还没有什么事能让他睡不踏实。

明天很快就来临了，但明天来了，蒋太尉没有来。

阮籍心想，也许大家都在忙碌，顾不上他，那就再等个后天吧。于是，后天也来了，蒋太尉还没有露面。

阮籍很生气。

当然他生气不会大吼大叫，因为大吼大叫在他眼中是牲畜的表达方式。

他的表达方式很简单，就是笑。开心也笑，生气也笑。他在笑蒋济冷落自己，也笑蒋太尉很不"热情"。

明眼人都知道，蒋济是在考验他的耐心，看看他好不好掌控，听不听话。

阮籍当然不听话。

因为听话，就不是阮籍了。

他潇洒地泼墨挥毫，洋洋洒洒写了一篇奏记，立即派人送去太尉府。自己则用大包一裹衣物，甩到背上，风轻云淡地上马，悠悠哉哉地回家了。

蒋济拿到信时，心里先设想了一种画面。

——这个阮籍真不错，还没有当官，就先送上一封感谢信。这么会来事的人，以后要好好用，对，就是用！

蒋济笑呵呵地拆信，看着看着，笑呵呵的脸色变得难看起来，甚至是一片枯黄。

只见信上道：

阮籍死罪死罪呀！

我恭敬地在此感激明公包容淳一的美德，正因为您身居太尉的高位，才能让众多英豪抬头景慕，俊才贤士趋之若鹜，这是您美德感召的结果呀。

开设府署的当日，人人都以能成为您的掾属为荣。您征召幕僚署臣的策命刚刚颁布，就以我阮籍为首批，真是意外至极。

从前，卜商住在西河之地，魏文侯拥彗称师；邹衍住在黍谷之北，燕昭王陪乘恭迎。大凡身穿布衣系韦带的贫贱之士，孤身生活于世，实在不足让帝王将相如此费心，亲自登门造访。然而，王公大人们之所以卑屈贵体，甘居贱者之下，正是因为国家正道尚存呀。

今日，阮籍没有邹衍和卜商的品德，反而学习了他们的陋习，还烦劳明公如此巨大的礼遇，真的惭愧至极呀，我拿什么来承受呢？我好像拿什么都承受不起！我想了想决定，不如在东面水田的向阳之地耕作，等粮食有了收成，就缴纳黍稷五谷应额赋税，用来躲避当权者们的出山邀请吧。只有这样，我才安心。现在，我身怀疾病，腿脚也不利索了，您补为属吏的征召，我怕是不能胜任。

乞求您收回这不正当的恩赐吧，以便能显示明公清正之举。

这封信，好像是感谢信，又好像不是。

因为他从感谢信里读出来一种怪怪的味道，就好像一个人很渴，终于喝了一碗水，没想到居然是一碗盐水。

这是反讽。

阮籍先烘托蒋太尉的身份，说他地位如何高，被他看上三生有幸。客套话，阮籍不会忘记说，但客套话的目的是引出下面的话。

人家卜商和邹衍虽是一介布衣，但魏文侯和燕昭王这样帝王级别的人物却能屈尊亲自迎接，生怕人才流失。

反过来对比，蒋太尉身份也尊贵，但也比不上帝王，怎么就摆起架子了呢?

傲娇的阮籍很风趣地说，自己不是做官的料，不如以后不做官了吧，还不如回家种田呢。只要交了赋税，勤勤恳恳做个顺民，就可以挡住那些请他出山的达官贵人，自己也能过得踏实。

看完这封信，蒋济不生气是不可能的。

如果很生气，也不可能。因为他不能掉了身份，就像一个四五岁的孩童打了你一拳，你不仅不能生气，而且还要笑着对孩童说"你没事吧"。为官之道第一步就是，面上笑嘻嘻，心里塞满气。

阮籍又过起了他的逍遥日子，天天把酒临风，呼朋引伴，如果喝多了酒，想在哪睡就在哪睡。

如果说阮籍是山林里自由自在的蚂蚁，阮武就是油锅上的蚂蚁。

阮武知道蒋济得罪不起，他今日不发火，只是保持当官者的风度，日后必然在别的地方找回来。报复人的手段有很多种，最常用的就是，找一个百口莫辩的小事无限放大，再将人置之死地，有理有据。

阮武怕这样的事发生，就开始劝阮籍跟蒋济道歉。阮籍当然不去，毕竟往枪尖上撞，非死即伤。于是，阮武又举起了扫帚。

阮籍没办法，那就妥协吧。

他妥协不是因为那把扫帚，而是不想让叔公伤心动怒。

第三节　他缺个伯乐

隔日晌午，阮籍来找蒋济了。

本以为是针尖对麦芒，不料却成了剑身对剑鞘。一个负责刺，一个负责装。

蒋济笑着说道："阮先生大名，老夫早有耳闻。哎呀，那日府上事务繁忙，怠慢了先生，真是让先生久等了。"

阮籍笑眯眯地道："大人客气了。不就是三天嘛，在下喝了酒，睡一觉也要三天才醒。"

蒋济尴尬地称是。

一会儿之后，才转移话题道："老夫很欣赏先生，非常希望先生能到敝府做事。不知，让先生担任小小的幕府尚书郎一职，意下如何？"

不计前嫌，再授官职，以德报怨，果真是笼络人心的好方法。

阮籍很是了然地感激道："太尉真是太客气了！别说是大大的尚书郎，就是小小的门子，只要太尉能瞧得上在下，在下也要在家烧三天三夜的高香。"忽然，他话锋一转，又叹道，"只是，在下一介书生，从未做过官，又怎么懂得为官之道呢？"

阮籍在想办法拒绝。

他找了一大堆的理由，被蒋济给一一否定了。最后，只好把足疾未除、随性不羁等搬了出来。

蒋济听罢只是笑。

他是铁定了要拿下阮籍，就算阮籍要摘星星摘月亮也满足，方笑道："原来是足疾，不是难事。老夫府上有的是名医，天下疾病十有八九可除。"

阮籍淡淡地笑道："在下的足疾，只怕不是一般名医能治好的。"

这话就是说，他根本不想当官，足疾只是借口。

蒋济装作没有听懂的样子，挥挥手笑道："如若他们看不好，老夫就去洛阳请神医，无论如何，一定帮先生化解疾痛。"说完，他深深叹了口气道，"哎呀，先生之痛，痛在老夫之心呀！"

果然。

虚伪的人说出虚伪的话，总让人觉得非常真实。

为了消解阮籍的顾虑，蒋太尉很随和地笑起来，道："至于随性不羁嘛，那是先生的个性。有才之人必有个性，老夫清楚得很。以后，先生做官不必拘束，由着兴致来就是。"

想干什么就干什么，而且有酒，有肉，有官职，有俸禄，他还挑什么呢？

阮籍也不是很挑剔的人，就"勉强"答应下来。

半个月里，他这个幕府尚书郎果然够随心所欲。

天天饮酒，不分尊卑，嬉笑怒骂，皆在脸上。于是，一边是板着脸的高级官员，一边是随性而为的弼马温。

当然，阮籍和孙悟空还不一样。

孙悟空也许是真的不懂为官之道，而阮籍是揣着明白装糊涂。有人形容聪明的人，常常喜欢用一个成语——大智若愚。

阮籍便是如此。

阮籍很清楚，蒋济面上再客气，再礼贤下士，也不过是拿他当个随时可以踢掉的下属。往深处说，就是一枚用顺手的棋子。

这样的关系，他不喜欢。

他理想中的关系应该像刘备三顾茅庐请诸葛亮那般。很遗憾，蒋济没那么对待他，他也不愿在这里长待。

不久之后，阮籍又以生病为由请辞。

很奇怪，这次蒋济并没有强加挽留。也许，就像玉皇大帝厌倦了孙悟空在天庭的闹腾，当孙悟空提出要回花果山时，玉帝巴不得赶他走一样。

阮籍也是如此。

他很潇洒地出了太尉府的门，然后，一壶酒，一匹马，一个黄昏渐近的天涯。

他回家了。

有时离开，也许是为了更好的遇见，这句话用在阮籍身上再合适不过了。

上一巴掌打的是王昶，结果引来一个官更大的蒋太尉。这一巴掌，他又把蒋太尉给打了，也许会引来更大背景的人吧？

当深埋于山林流水之中很长一段时间后，他收到了朝廷的征召——请为尚书郎。

这次是朝官，阮籍没有理由推辞，也不敢推辞，当即走马上任。

尚书台是执掌国政的权力机构。

尚书郎是尚书台下属各执其事的各曹官员，有职位也有权力。阮籍很想在尚书台一展宏图，毕竟这里平台很高，可以接触到朝中形形色色的人，甚至是最高的当权者。

他实在是欢喜，而且欢喜得不得了。

没有见过云的人，总以为云很柔软。

见过云的才知道，云不过是一团气。

同样的道理，阮籍入朝为官之后才明白。所谓的修身、齐家、治国、平天下，全都建立在一个条件之下——尔虞我诈。

当时的朝堂乌烟瘴气，司马懿和曹爽两个派系杀来杀去，明争暗斗。

阮籍很不喜欢这种环境。时间久了，他觉得再熬下去，将来会非常惨淡。功不成不说，说不定还会成为两大派系的牺牲品。

算了，回家吧。

为免杀祸，他提出辞职。

于是，仅做了几个月的尚书郎，他又一次辞职，回归到平民的怀抱。

前几次辞职，他是扇人家的脸。别人的脸疼，他的手却很痛快。

这一次，他是自己打自己。说不难过是不可能的，毕竟一直以来都希望入朝为官，结果朝不是心中想的那样，官也不是。

他能怎么办呢？

大树又高又壮，他一只蚂蚁，怎么可能撼动？

这个时代很悲哀。

他的遭遇也很悲哀。

不过，快乐的人总少不了快乐的事，哪怕明天就要赴死，今天也要笑着过完。

惹不起，总能躲得起。

正始四年（243），为了远离两大派系的争斗，阮籍举家隐居到河内郡山阳县。

山阳是个好地方。

竹林幽幽，山环水抱。草木深深，鸟嘤虫鸣。

他仰望苍天，俯瞰大地，自在地张开手臂，拥抱生命中的另一片热土——山阳。这里很好，纵然远离了儿时的理想，也让他深深地眷恋。

他扎根这里，一住就是二十多年。

渐渐地，他陆续认识了山涛、嵇康、向秀、刘伶。

他们一起在竹林散步，一起看夕阳落山，一起在湖畔抚琴弄月，又一起曲水流觞、饮酒赋诗。卸下俗世的镣铐，他们把清谈推向极致。

不久，侄子阮咸也来了，并在此长居。

高平陵政变后。

年仅十五岁的王戎，追随父亲王浑来到山阳怀县。

阮籍见王戎小小年纪，个头不高，傲气却不低，还能写诗作赋，遂结为忘年交。阮籍也邀请王戎参加竹林之游，七人的队伍就此成立。

风儿悠悠，云儿淡淡。

清闲的岁月很短。

短暂的时间却总是那么快乐。

不知不觉，数年转瞬已过。

正始后期，阮籍、嵇康和山涛先后来到洛阳，参加了洛阳和山阳等地的清谈活动。

三人才华四溢，各有特色，互相比肩，轰动一时。

阮籍应该是最惹人喜欢的一个。他谈吐诙谐风趣，性情洒脱，却也桀骜不驯，不屑万物，不久就成为远近闻名的人物。

名声在外，垂爱他的人自然多起来。

第四节 只想为所欲为

正始九年（248）年初，阮籍收到一封当朝权贵的委任状，上面赫然标注着"参军"的字样。他展开认真瞧了两眼，随即合上了。

嵇康问他："上面写了什么？"

阮籍摇了摇委任状道："你猜猜看。"

嵇康果真猜了起来："当今世上，真正让你有几分纠结的人物，不过两个。一个是曹爽，一个便是司马懿。"

阮籍点了点头。

嵇康又分析道："如果是司马懿，你一定不会如此淡定，可见此人必是曹爽。"

阮籍笑道："知我者，叔夜也。"

嵇康也笑道："曹爽是曹操侄孙，又是魏明帝托孤的两大重臣之一，在朝中可谓风云一时。然而，自从齐王曹芳执政以来，他开始公然排挤司马懿而独揽大权，行为张扬跋扈，不可一世。他的手下还有何晏、邓飏、李胜、丁谧、毕轨等人，可谓群贤汇集。如果能得到曹爽的重用，必然会引起天下人的眼红。"

阮籍无奈地笑道："不错。可是，要名还是要命，我还得斟酌斟酌。"

嵇康立即明白了他的意思，笑道："你是不是有了答案？"

阮籍反问："什么答案？"

嵇康笑道："曹爽是鹰，司马懿就是地上搭弓射箭的猎人。鹰飞得无论有多高，只要它停下来休息，就一定逃不过猎人的箭。"

阮籍拍手叫好道："真是不错。"

嵇康回他一个疑惑的神情。

阮籍悠悠地道："天下大局，已是定盘，曹爽败给司马懿是迟早的事。"

嵇康试探性地问："所以？"

阮籍浅浅而笑，走到一架几案前，执起毛笔，凝在空中半晌，意味深长地看了嵇康一眼，才行云流水地写起一封信——《辞曹爽辟命奏记》：

籍行为举止鄙陋迟钝，才学品行又固执粗野。进身，根本没有达到世俗美誉所期望的高度；退身，也没有渊静沉默、恬淡清虚的节操，如此一介鄙俗之人，竟蒙受了全天下最显赫的褒词，籍小小的身躯实在承受不起。

籍长年身患顽疾，终日与病为友，至于谒见朝拜等诸事，不敢承受。从前，荣启期甘居贫困，并以绳子为带，孔子也不能更改他的三件乐事；陈仲子恪守安贫隐居的旧志向，楚王纵然有心重用，亦不能改变他浇灌田园的执念。如果一个人贪慕显赫的荣耀，为了荣耀而舍弃一切，必然会阻塞贤才。如果一个人昧心进取，也常常会被人讥讽。

每每想到这些，籍的心里就像压着一块大石头，忧愁和悲愤深深交集于胸中，使籍感到无比的惭愧。明公的业绩等同于鲁卫二君，卓越的功勋也超过了齐桓公和晋文公。您如此礼贤下士，广泛招纳世间的俊士豪杰，将来必然能发扬光大曹魏的宏图霸业。

请求您罢止籍入府拜谒的定期约会吧，好使籍可以为权贵们出行清洁道路，免得减了权贵们一身脏呀。籍这样的无名小辈心愿很简单，就是安安稳稳地居住家中，只希望明公能宽放应允。

这封奏记措辞谦恭，并无任何倨傲的样子，与此同时，他拒绝得也很干脆，绝不留给曹爽任何的机会。

这一次，阮籍打的是最高当权者的脸。

事实证明，他的判断是正确的。

嘉平元年（249），司马懿发动了高平陵政变，以铁腕一举歼灭了曹爽集团。

何晏、邓飏、李胜、丁谧、毕轨等人纷纷被夷三族，昔日威风赫赫的曹魏政权正逐渐濒临名存实亡的困局。

山雨欲来风满楼。

阮籍不肯为曹爽效力，又写下《辞曹爽辟命奏记》一文，本就让世人觉得惊讶。如今，曹爽一派溃败，司马懿大权独揽，那些惊讶的人更加惊讶起来。

论战略眼光，阮籍居然比当官数十年的人还准。

他早已料到曹爽会败，所以拒绝征辟。冲着这个眼力见儿，朝野上下对他无不是佩服得五体投地。

是金子永远会发光的。

更何况，金子就在商人的脚下。

司马懿就是那个商人，他要拣这块金子，也就是阮籍。商人就是商人，他很清楚，金子就是一件工具，人们视若珍宝，是因为它能买东西。

同样的，阮籍在司马懿眼中，无疑是一件工具。

司马懿要封阮籍的官，是觉得他能为自己所用。

然而，用分两种。

一种是用来换东西，这是实用。

一种是用来装门面，这是虚用。

很遗憾，阮籍一直都想被实用，结果还是沦落到被虚用的下场。

司马懿虽然任命阮籍为大司马从事中郎，那不过是想以他为代表，号召天下的名士心向自己。说白了，阮籍就是被立起来的宣传标兵，只是巩固政权的花瓶而已。

阮籍当了许多年的花瓶，一直装点着司马家族的门面。

司马懿去世后，司马师接替了大将军之位，并于嘉平四年（252）再次任命阮籍为大司马从事中郎。司马师病死后，弟弟司马昭于正元元年（254）接任大将军之位，任命阮籍为大司马从事中郎、散骑常侍，赐爵关内侯。

花瓶有一个好处，可以眼观六路耳听八方。

这些年来，阮籍看到了许多有意思的事。

比如，司马家族就是一个矛盾的集合体。一方面，他们要杀一部分名士，因为这些名士不懂得识时务者为俊杰。另一方面，他们又要养一些名士，因为名教礼法、家族形象，还是需要这些人来维护的。

阮籍有点想笑，很无奈地笑。

他无力回天，只好过起半隐半仕的生活。

隐居到山阳去吧，跟着竹林密友们畅游天地，连喝数日，大醉于风中、云中、星辰中，直到畅快了再醒。

一个日暖如梦的黄昏。

山涛带着满肚子的疑惑，忽然问阮籍道："我有一事不明。你不做花瓶，怎么跑到山里来当疯子了？"

阮籍哈哈大笑道："疯子好啊。"

山涛一怔，问道："哪里好？"

阮籍笑道："可以为所欲为。"

山涛也笑道："可你不是疯子，你是读书人。既然读过书，就必须懂得名教礼法。"

阮籍冷笑道："噫！名教礼法？那是乱危死亡之术！"

山涛莫名被镇住，看向众人，众人也都怔住了。

阮籍边笑边骂道："那群礼法之辈，一个个就像裤裆里的虱子！行不敢离缝际，动不敢出裤裆，满嘴仁义道德，实际上全是一肚子男盗女娼！"

众人齐声笑道："骂得好！骂得好！"

阮籍骂完，其他人也跟着骂起来。

名教礼法在竹林七贤眼中，还真像极了虱子，他们甚至懒得去挠。

当然，虱子不是竹林七贤的专属。至少在司马昭的眼里，阮籍就是一只虱子。一个很有趣，还能用来观赏的虱子。

有一次，司马昭派人请阮籍到府中做客。

阮籍一到就见高朋满座，似乎有大事要发生。原来，司马昭召集大家过来，是想讨论一起弑母案的处罚问题。

司马昭陈述完事情缘由，才环顾四周，问起阮籍的看法。

阮籍笑道："噫！弑父尚可，怎可弑母？"

众人哗然，大惊失色，面面相觑。

一时间，厅堂内鸦雀无声，纷纷看向口出狂言的阮籍。司马昭很疑惑地问道："弑父罪大恶极，你怎么能说尚可呢？"

众人也是同样的疑惑。

阮籍悠然道："禽兽只认识母亲而不认识父亲。弑父，就是禽兽罢了。如果弑母，简直连禽兽也不如啊！"

一语既出，众人更是哗然。

但争吵过后，再细品话中之话，大家又都变了模样。于是，尴尬的人尴尬地笑，生气的人冷冷地笑，佩服的人就佩服地笑。

要知道，当时国家正提倡"孝治天下"，阮籍不仅不以此为警，竟然还敢在大庭广众之下，用调侃的话去解释子与父母的伦理关系，实在是胆大妄为。

而且，胆大妄为得有点可爱。

对于可爱的人，司马昭一向不舍得惩罚，只是在一番玩笑过后，就免了他的无礼。

有些时候，无礼是一种可爱，因为很幽默。

也有时候，无礼却是疯子，因为有悖常理。

阮籍至情至性，对情感的表达也往往超乎常人。所以，他的无礼有时很可爱，有时就像极了疯子。

一日，家中亲属过来向阮籍报丧。

恰时，他正在跟友人下棋。友人都听到了丧讯，伤心的眼泪滴溜溜地转，快要掉下来了。再看阮籍，居然盯着棋局一动不动。

友人实在不解，急道："你母亲去世了，还愣着干什么，快去瞧一瞧吧！"

阮籍没有抬头，黑着脸道："棋局已开，必分胜负。"

友人叹道："不下了，不下了！和棋，你快回去吧！"

阮籍瞪大眼睛看他，怒道："我若无棋品，怎配做你友人？这盘棋，一定要下完。"

他很坚决，非要分出个胜负。朋友只好勉为其难，陪他下完了棋。

他赢了。

不知是朋友谦让还是真的赢了，总之，他赢了。赢是高兴的事，谁知，他笑着笑着竟哭了出来，谁也不知道那是喜还是悲。

他的笑声很大，哭声也跟着大起来。哭哭笑笑，一会儿哭，又一会儿笑，近乎疯癫。末了，他让人去拿酒，朋友知道他的酒量大，抱来一坛。

他觉得少了，大声道："拿二斗酒来！"

那一天，他大口喝下二斗酒，一口气也不喘。

酒罢，他忽然举声痛号，吐血数口，蓦然昏倒在地。也许，只有悲到极致的人，才会表现得如此极端。

他不是不痛苦。

只是在用特别的方式表达痛苦。

撕裂之感，全在一笑一哭之间。

第五节 超脱俗世的"高人"

阮籍母亲的葬礼如期举行。

前来吊唁的人有很多，参军、吏部郎裴楷等达官显贵都过来了。

众人本来心情很沉痛，都在为这样一位好母亲的离世而难过。可见到阮籍时，大家实在沉痛不起来。

因为他的举止太奇怪。

——昔日那炯炯有神的眼睛，此刻却散发着醉意熏熏的眸色。他披头散发，灰土蒙面，双腿岔开，仿佛一个簸箕瘫在灵堂中央。

吊唁者过来哭，他就扬起高傲的脖子，用啸声模仿歌的各种曲调回应：一会儿是喜，一会儿就悲，一会儿绵延，一会儿就冷峻。

听得人毛发直竖。

裴楷哪里见过这等场面，不禁吓出一身冷汗，以为阮籍着了魔。但他还是按照礼法，规规矩矩地走完了流程。

有人挑拨道："按照祖宗礼法，应该是阮籍先哭，咱们再哭。现在倒好，阮籍没有哭，您却跟着哭拜起来。他如此无礼，您也忍受得了？"

裴楷看了一眼疯癫的阮籍，长长叹道："他是世俗之外的人，可以不遵守礼法。我们凡夫俗子，怎能不遵守？"

裴楷离开灵堂，嵇康的哥哥嵇喜也过来吊唁。

他进来便哭，几乎快把嗓子哭干了。哭罢之后，因见阮籍目光呆滞，不知道哭，也不知道回礼，就只会啸歌，便多说了几句。

阮籍当即变了神色，翻起白眼斜睨嵇喜。

嵇喜心想，自己好心相劝，竟受他这般白眼，实在可恨，便愤愤甩开衣袖，扬长而去。

嵇喜刚走，嵇康就过来了。

嵇康真是他的好朋友，也行为乖张。

他一手斜抱着琴，一手提着木饭桶。琴是音乐，饭桶就是食物。当今世上，懂他的，果然只有嵇康，阮籍立刻兴高采烈地迎了上去。

嵇喜来劝慰，他不领情。

嵇康送来好菜和琴，他却喜欢得不得了。

果然，知己就是知己。

从此，世人都说阮籍是"青白眼"。可无人知道的是，对于一个内心已经千疮百孔的人来说，他现在最需要的不是安慰，而是吃饭和音乐。

这些，嵇康懂他。

几日后，母亲要下葬了。

阮籍仍旧在家大吃大喝，吃饱喝足了，才与母亲告别。奇怪的是，他吃了很多，喝了很多，不仅没有胖，反而日渐消瘦，身形单薄。

心情好的人，喝凉水也胖。

心情悲的人，吃佳肴也会瘦。

如果说母亲下葬之前，他郁在心口的悲痛，全都以大吃大喝，甚至近乎疯狂的行为来表达。那么，到了后来的守丧期间，他虽然仍旧狂狷恣意，但早已是看淡生死之壮。

翌日，司马昭宴请文武大臣。

大殿上很肃穆，众人毕恭毕敬。司马昭不饮酒，大家就都干等着；司马昭不吃东西，谁敢越礼？

没错，有人真敢。

阮籍不仅随心所欲地喝酒吃肉，甚至还放声高歌——

余既不难夫离别兮，伤灵修之数化。

余既滋兰之九畹兮，又树蕙之百亩。

他时而长啸，时而高歌，如入无人之境，一点也不拘泥于礼法。众人齐齐地看向他，就像在看一个疯子。

何曾实在看不下去，当即谏言道："阮籍纵情背礼，乃败俗之人。将军以孝治天下，而听阮籍以重哀饮酒食肉于座前。宜摈四裔，无令污染华夏！"

司马昭笑看着阮籍："我看未必。"

众人皆惊。

司马昭道："当年庄子的夫人去世时，惠子前来吊唁，他竟岔开双腿，像个簸箕似的坐在地上，击缶而歌。惠子看不过去了，就说，你的妻子给你生儿育女，一直到衰老而死，你不懂得珍惜，不去哭泣就罢了，怎么还击缶而歌起来？"

众人了然一半。

司马昭又道："庄子辩解说，我妻子初死之时，我也是痛苦愈加，夙夜不寐。但我转念一想，她原本就不曾出生，不仅不曾出生，原本还不具有形体，不仅不具有形体，甚至还不曾化作气息。死去的那个人静静地躺卧在天地之间，而我却呜呜咽咽为之哭泣，这是不能通达天命的。所以，我不再哭，而改歌之。"

众人只能点头，不赞同也必须点头，这是为官之道。

司马昭叹道："今日，阮籍生母已逝，料想心中悲楚难发，实在有些反常，也可谅解。唉，他如此狂狷，若非伤心过度，只怕也有庄子的心境吧？"

何曾知道司马昭在偷换概念，但他不能说司马昭的不是，就一直说阮籍的错。

阮籍都看在眼里，心里冷冷地笑，脸上漠然地疯。

司马昭也看着阮籍冷冷地笑，放任他的无礼。

生活如果一成不变，饶是没有趣味，总要有一些点缀。阮籍是司马昭生活的点缀，司马昭是阮籍冲破礼教的导声筒。

阮籍对礼教的轻谩，一向超乎那个时代人的理解。

魏晋之时，男女授受不亲，叔嫂之间不能对话，朋友的女眷不能见面，邻里的女子不能对视……这些把男女看作两个物种的礼教，阮籍统统不管，严词拒绝。

每次嫂嫂回娘家，阮籍都是大大方方地去送，很真诚地告别，完全不理睬别人的议论。

有的人看不过去，就劝他说："阮兄，叔嫂有别，还是拉开距离好。否则有损你的名声，也会挑起家庭矛盾。"

阮籍冷笑道："这是何种道理？难道礼法是为我一个人独设的吗？"

那人道："这跟礼法单不单独为你设立没有关系，这是规矩。千古以来，我们都在坚守这样的规矩。"

阮籍反驳道："只要是规矩，就能破旧立新。自古以来，更换过多少朝代，立过多少法律，改过多少条文。你见哪个规矩可以长立不朽的？今日，我偏要改一改这规矩！"

阮籍说到做到。

他一生都在改规矩，尤其是男女有别的规矩。

阮家隔壁有一间酒楼。

闲来无事，他常邀王戎一起饮酒。每次买酒，总有一个年轻貌美的女子过来招呼他们。

阮籍不仅不避讳，还经常跟她单独玩笑，即便酩酊大醉，也丝毫不介意，倒头就睡。

世人骂他无礼，他一笑置之。

除了勇于打破礼教，阮籍还非常至情至性。不论是男女，只要让他钦佩，就会用很炙热的方式表达自己的情感。

一日，阮籍在街上遇到一个人。那人哭得很伤心，因一时好奇，阮籍就追上去询问缘由。

那人道："一位兵家女子因病去世了。我跟女子父亲相熟，正要过去奔丧。"

阮籍见那人眼圈泛红，血丝满布，料想分外伤心，就问道："这位兵家女子有何特殊之处，竟让先生如此痛心！"

那人解释道："这位兵家女生前十分有才，诗词曲赋，骑马射箭，样样精通。若是个男儿身，将来必定能建功立业，光耀门楣。只可惜，她还没有出嫁，就这样被疾病夺去性命。"说着说着，吸溜吸溜哭了起来。

阮籍倒是奇了。

一个无关自己的人死了，他听着听着，胸口犹如火山喷发，汩汩热血在不停激荡。

终于，他号啕大哭起来。

谁也不知道他为什么哭，就连那个正在哭的人也蒙了——阮籍竟哭得比他还伤心。好大一会儿后，阮籍止了哭声，又让那人带他去吊唁。

那人仍旧一脸蒙，终究带他去了。

到了化纸漫天的灵堂，众人都在沉闷地哭泣，此起彼伏，真是一个悲天恨地的丧礼。

阮籍也哭。

他的哭声盖过了所有的人，不知道的还以为是女子的父亲。但知道的无不讶然，女子什么时候又多了一个父亲？

女子的父母在纳罕这人是谁。

阮籍一点也不纳罕。

他不认识女子的父母，更不认识女子。

他就是觉得心里难受，为这个女子的不幸难受，为天妒英才难受。

他想哭就哭。

把所有跟女子有的没的都联系起来想，哭得就更加凄悲了。

当灵堂里独剩他一人在哭的时候，心里的痛苦也差不多发泄完了，就起了身，一场大笑，飘然而去。

这就是阮籍。

无论做何事，都是真性情，有时连对待司马昭也不例外。

正元二年（255），许久不曾到司马府中来的阮籍，居然亲自登门拜访。司马昭大感意外，急着过来接见他，想看看阮籍有什么事。

一见面，司马昭就问道："先生过来，是有要事？"

阮籍笑着行礼道："平生曾游东平，乐其土风，愿得东平太守。"

司马昭一怔。

阮籍居然要官做？他没有听错吧？

司马昭上下打量着阮籍，很不敢相信。这个向来在等别人赐官的人，居然伸手要官，不可思议。

司马昭惊讶了一会，笑道："先生这是在向本将军讨官吗？"

阮籍也笑道："不是讨，是希望将军赐。"

司马昭微怔，旋即哈哈大笑。他几乎没有多加思考，豪迈地扬手道："就依了先生。"

第六节　宁愿做颗有用的棋子

阮籍出发了。

别人都是白天赶路，他偏偏选在一个夜间出行。别人为了快，都骑马上任，他偏偏选了一头驴，优哉游哉地踏着星月前行。

深夜来临，月色皎皎。

他勒住马缰，在一派美丽的景色面前停住马蹄。

树影摇曳，山峦巍峨壮观，亮丽银河在散发着光芒的天际，露出一抹黑色的峰影。

这里是黄河南岸的荥阳广武山。现在，四野茫茫，安静得如同一个沉睡中的孩子。

阮籍信马由缰来到这里，却似乎呆住了心神。他很清楚，昔日，这里曾是楚汉相争最激烈的地方。他在这里徘徊了很久，望着古城上尚存的遗迹感慨万千。

东边的是项王城，西边的是汉王城，两城相隔仅二百步之遥，中间穿过一条波澜壮阔的广武涧。

遥望星辰，对视古迹，他不禁发出一声长叹："时无英雄，使竖子成名！"

他心中想到的很多，五味杂陈。

他先想到，当年楚汉之争，力拔山兮气盖世的楚霸王项羽，竟然败给了自幼无赖、游手好闲的刘邦这个竖子！

又怎知，这个无情无义、玩弄权术的竖子，这个抛父、弃子、弃妻的竖子，竟然开创了大汉王朝。

想来，真是可笑。

他又想到，当年的曹操挟天子以令诸侯，纵横天下数十载几乎未逢敌手。他的儿子曹丕，禅让而代立天命，成为真真正正的帝王。

何等的英雄意气！

可是，风云流转，他们的子孙竟是一代不如一代。开国才几十年，即位的皇帝全都变成行尸走肉，毫无灵魂。

他更想到自己。

大权独揽的司马家族，毫无顾忌地把曹魏小朝廷玩弄于股掌之间。

不仅如此，他们一方面标榜以孝治国的礼教，看上去多么亲民爱民，冠冕堂皇。

另一方面，却在实行流血的政策，残酷地镇压政敌，杀害违背他们意愿的名士，屠刀之冰冷，形如鬼魅。

在这个悠悠乱世之中，阮籍自诩才华横溢，舍我其谁。

可是，辗转半生，飘零许久，除了担任一个仅供装门面的从事中郎，再没有任何有实权的官职。反观那些没有能力的竖子，却一个个比他混得好。

他心中怎能甘心？

他每天佯狂酣醉，途穷而哭，不是恣意而为，性格狂狷，而是在无声地控诉这个冰冷的世界。

试问天下，谁又能懂他的心？

他又喝了一口酒，扬天大笑，只剩余音久久回荡在山峦深处。

就这样，他一边赶路一边喝酒，慢慢悠悠地赶至东平府衙，然后倒在床上就睡，大醉了三天三夜。

醒来之后，一切都变了。

他从一个烂醉如泥，宛如酒鬼的糊涂官，竟变成了一个干练多谋，善解民意的好官。

他风风火火地组织人马拆屏障、推围墙、修水利、建房屋……大刀阔斧地废除了很多不合时宜的法令法规，以及行政事务上的繁文缛节。

一个月过后，东平焕然一新，仿佛变成了另外一座城市。

百姓们对这位官爷十分欣赏。

但有意思的是，大家都不知道他姓甚名谁，也不知道什么来历。

众人唯一知道的是，他喜欢喝酒，大醉之后就无比干练。于是，百姓们自发地给阮籍献酒，希望他一直大醉，一直为百姓谋福。

岂知，阮籍已不在府衙，早早地倒骑着毛驴，手中举着酒葫芦，飘然离开了。

他回到了京城洛阳，去见了司马昭。

一个月不见，他辞官又回到京师，竟然说想继续在京中做官。听到这样的话，无论是谁起码都要问一问，他在东平干了什么，为什么想来就来，想走就走？

司马昭连问也不问。

他只是风轻云淡地笑了笑，就重新任命他为大将军从事中郎。

遇到这样的上司，阮籍真不知是该高兴还是该忧愁了。不过，他心里很清楚司马昭为什么这么做，他是早已料定了的。

他跟司马昭要官做的情况还发生过很多次，有一次更加荒唐。

甘露元年（256），阮籍从朋友那里听说了一件事。

步兵营的厨子善于酿酒，味道醇香，十里可闻。据说，兵营的仓库里还存着三百斛酒，至今没有人喝。阮籍嗜酒如命，自然不会放过这么好的机会。

令人意想不到的是，他找到司马昭，不是为了去讨几坛酒，反而希望能到军营中担任个一官半职。

司马昭吃惊地问："好啊，你又想当什么官？"

阮籍笑道："随便吧。"

司马昭一怔，不解道："既然要做官，总该知道自己能做什么官，想做什么官，怎么能随便呢？"

阮籍随口道："我爱喝酒，就做个酒官吧！"

司马昭无奈地笑道："这倒是个新奇的官职。那，你想去哪里做酒官？"

阮籍干脆地答道："步兵营。"

司马昭呵呵笑道："这个世上，本将军头一次听说，有人因为喝酒而提出调任的。"

阮籍也笑道："将军没有遇到过，阮籍就来做第一个吧。"

虽然荒唐，但司马昭还是答应了阮籍。

于是，阮籍高高兴兴地走马上任了。以后的日子很惬意，有职，有权，有酒，有闲，还有自由，真是世上最幸福的生活。

他天天睡在储酒的仓库里。

渴了喝酒，饿了喝酒，困了喝酒，醒着也喝酒，他很尽职尽责地在做一个酒官。不久之后，就赢得了一个响亮的外号——"阮步兵"。

当然，司马昭之所以放养阮籍，并不是因为欣赏，而是出于政治考量。

自从掌握大权以来，他杀了不少名士：何晏、桓范、张华、潘岳、夏侯玄、郭璞……

一个个风流名士，全都死在冷冰冰的屠刀之下。

原因无他。

他们太不听话，实在不是一个顺从者，只能死。

阮籍就不一样了。

他是全天下知名的雅士，虽然放荡不羁，酗酒当歌，但从不乱政，这也是司马昭数次容忍他的地方。

再说，司马昭还有更大的目的。

为了撕掉司马氏"冷血""嗜杀""残暴"等标签，他需要阮籍。只有容忍阮籍的所有小毛病，世人才会看到他的"大度能忍""礼贤下士"。

这是一步好棋。

当然，只有这些还不够，他还想下一盘更大的棋。

司马昭听说，阮籍有一个才貌双全的女儿，许多达官贵族都曾提过亲，无一例外地被阮籍拒绝了。司马昭的儿子司马炎刚好也到了婚配的年纪，如果能攀个亲家，倒是不错。

于是，司马昭三番五次地派人去提亲。

阮籍当然不同意，也三番五次地婉言相拒。

终于有一天，提亲的人过来放狠话道："大将军送阮大人一句玩笑话。将军说呀，阮小姐这么漂亮，又知书达理，如果阮先生实在不舍得，大将军可就派人过来抢咯！"

说是玩笑话，实则是想给阮籍一个下马威。

阮籍左右为难，但又不能直接拒绝，就笑着道："烦劳回禀将军，就说阮籍要和女儿商议商议，再为答复。"

提亲人兴高采烈地走了。

阮籍叫来女儿，嘱咐她近期不要出门。夫人问他如何做，他只是叫人把家里的酒全都搬到书房去。

他的办法就是——喝酒。

这日，提亲的人又来了，见阮籍醉卧书案前，摇醒他问道："阮大人，提亲的事可想好了？"

阮籍醉醺醺地道："谁要给我提亲？"

提亲不耐烦道："不是给你提亲，是给你女儿。"

阮籍咯咯笑道："我还没结婚，哪来的女儿？"

提亲的人算是碰到对头了。

实在没有办法，提亲人只好向司马昭如实汇报。司马昭知道阮籍使诈，就继续让人去提亲，天天去，就不信他能天天烂醉如泥。

事实上，阮籍真的天天烂醉如泥。

提亲人虽从未换过，但在阮籍眼中一天一个样。今天是乞丐，明天就是阉人，后天是疯子，大后天就是牲畜……

阮籍要演戏。

演一个醉酒的，也是耍酒疯的人。

跟他对戏的提亲人，自然就变成了各种各样不堪的角色。后来，受苦受难的提亲人再也不敢到去阮家了，生怕下次变成妖魔鬼怪。

六十多天过去了，仍旧毫无进展，司马昭知道不能跟阮籍撕破脸，只好作罢。

第七节 无心做戏，奈何戏如人生

别人喝酒误事，阮籍却靠喝酒来成事。

因为喝酒可以醉，醉的人，就能说假话。即便说了真话，也不会有人信。

曾经，心怀叵测的钟会过来拜访阮籍，想询问他时政问题。

很明显，钟会别有用心，这是在旁敲侧击地探寻阮籍的软肋。一旦他回答的有破绽，就能被钟会抓住把柄。

阮籍不会回答。

因为他知道，时政就是毒酒。

他爱酒，但不爱喝毒酒。

每次钟会过来，他都会准备好几坛美酒宴客。

钟会问时政，他就转移话题，再喝上几坛酒，钟会再问时，他已经醉睡过去了。这样酣醉作秀，让他避开了钟会的阴谋，也多次挽回性命。

阮籍久耕官场，自然看透了权术，也早就萌生归隐之意。

景元四年（263）十月。

魏帝曹奂封大将军司马昭为相国，封晋公，加九锡。

所谓九锡，乃是指车马、衣服、乐县、朱户、纳陛、虎贲、斧钺、弓矢、秬鬯九种器物。据《汉书·武帝纪》中颜师古注解，九锡是古代帝王赐给有功或者有权势的诸侯大臣的九件贵重物品。

表面上看，九锡象征着帝王对大臣的恩宠和厚待。

实际上，明眼人都很清楚，这是权臣在进行篡位前事先预演的一种把戏。一旦九锡加冕，日后基本上就是默许了受恩者的篡位行为。

面对加封九锡，司马昭不仅没有认领，甚至惺惺作态地扬了扬手表示自己能力欠佳，受不得如此贵重的恩待。

司马昭再三谦让。

众大臣就一再恭奉，曹奂也心不甘情不愿地奉承。

显而易见，司马昭已经占据了政治上的绝对主导权，他现在要做的，就是演一出贤臣良将的戏码。

这一点，司马昭要比曹丕有心机。

四十三年前，曹丕在繁阳受禅台上，演完了一出汉、魏交替的大戏。他睥睨着汉献帝刘协，哈哈大笑道："尧、舜禅让的鬼把戏，我今日算是全明白了。"

言下之意，所谓禅让，不过是强权在手，以权力威慑而已，根本不是心甘情愿。

曹丕如此，司马昭更是如此。

司马昭的再三谦让，不过是想以退为进，欲擒故纵，众人怎会让他落空？

以司空郑冲等为首的王公大臣们，纷纷开始拍司马昭的马屁，说他受此恩待，理所应当。

为了遂司马昭的心，大臣们还逼着曹奂也说同样违心的话。

司马昭心里乐坏了，但还是很严肃地拒绝。他当然愿意接受九锡，只是觉得时机还不到，还需人再煽阵风，点一把火。

一天夜里，司马昭很随意地对司空郑冲叹道："哎呀，本将军加封九锡，也不知道以阮籍为首的名士们，是否也如此认为呀？"言下之意，他需要阮籍等人表个态，最好写一些歌功颂德的文章。

司空郑冲立马听出弦外之音。

是夜，他亲自到阮籍家中拜访，说明了来意，但听阮籍笑道："众大人真是太高看在下了，阮籍一支笔，怎能代表了天下名士的心。"

司空郑冲客气地道："阮先生是天下闻名的风流雅士，您的一篇文章，就顶得过天下所有名士的文章了。您的言论，自然也是天下名士的心愿。"

阮籍一看不能拒绝，就只好怂恿大家先去吃饭。趁着宴席的空当，一杯杯烈酒入喉，阮籍很快酩酊大醉。当司空郑冲再问写文章的事时，阮籍竟是一醉不起。

又是酗酒躲避的伎俩，司空郑冲一眼就看出了。

阮籍不答应，他天天来催。一来二去，阮籍见家里也不安全了，就躲到朋友袁孝尼的家中，仍旧天天酗酒，麻木沉醉。

然而，这一次他无论如何也躲不过去了。

司空郑冲带着一干文武百官，齐聚到袁孝尼家。见阮籍正趴在石几案上大睡，就很玩味地笑道：“阮先生，我知道你喝多了酒。听人说，酒喝得越多，写作就越顺手。您可不能懒得下笔，只顾睡觉呀。”

阮籍没有回答，仍旧在酣睡。

司空郑冲又冷笑道：“今日在场的都是朝中赫赫有名的臣子将军，大家都是来看阮先生一展笔墨的。您若还不下笔，日后可让大家如何看待您呢？”

阮籍还是无声以对。

这时，司空郑冲已经让人把笔墨纸砚都拿过来了，就铺在阮籍旁边的几案前，似乎料定他一定会写。

司空郑冲很阴险地笑了两声，就走到阮籍跟前，贴着他的耳畔道：“阮先生，笔墨纸砚已经备好。您如果还不下笔，让大家等急了，也许什么事都会发生。比如，一个不小心，抓到几个仆人。你一个时辰不醒，就杀一个。一夜不醒，就全杀光。第二日还不醒，您家里也有人吧？直到，杀到你醒为止！”

司空郑冲的确够狠。

阮籍也知道，他跟司马昭狼狈为奸，说得出就做得到。

思考片刻过后，阮籍直直坐了起来，先伸了个懒腰，就端起酒杯喝了一口，噗的一声，喷在司空郑冲脸上，喃喃道：“怎么是酒？快来一杯醒酒茶！”

司空郑冲是哑巴吃黄连。

他惺惺作态地擦掉脸上的水渍，假笑着吩咐人奉上一杯醒酒茶。阮籍茶水进肚，这才提起笔准备写字。可写什么，他犯起糊涂来，就问司空郑冲。

司空郑冲想了想道："就叫《为郑冲劝晋王笺》吧。"

果真厚颜无耻，这样的好事，首先把自己推到前面去。

阮籍冷笑道："这名字，真的很适合郑冲大人！"

言罢，他行云流水地写道——

郑冲等人死罪！

敬见朝廷的美好敕命显荣而至，在这无比灿烂夺目的时刻，听说您坚持辞让。郑冲等人心志专一，怀着真诚的信念，一致认为前代的圣贤君王所制定的礼法，百代以来都要受到这种教化，至于褒奖贤德，赏赐功臣，这都是很有由来的事情呀！您实在不必推却！

从前的伊尹，不过是莘氏随嫁的仆从罢了。可是，一旦他辅佐成汤有功，就被封"阿衡"的官号；周公凭借着当时已经形成的有利形势，依据着周王已经创建的基业，也不是赐予了封地曲阜，占据着鲁地的龟山蒙山；吕尚不过是磻溪上的一个垂钓的渔翁，一旦掌握了大权，就可以指挥全军，后来受封于营丘。从古至今，功劳单薄而受到优厚封赏的人不在少数，圣贤之士也同样视之为令人称道的好事！更别说是武功卓著的您了！

自从相国已故以来，司马氏世世代代都涌现出了才德兼备的人，勤勤恳恳辅佐大魏皇室，使得天下太平，百姓安康，从未出现过一次错误的政治事件，百姓们也从未说过一句诽谤的言语。几年前，您亲自西征灵州，北临沙漠之地，榆中以西的各族百姓们，得知您的到来，全都震惊降服，羌人、戎人朝东来驰，纷纷归顺朝廷；向东诛讨叛逆者诸葛诞之时，您利用巧妙的兵法，一举降服敌人全军，取得胜利，不仅擒获了吴王孙亮的战将，甚至斩杀了轻捷精锐的士兵，总数要用万万来计算。自此，我们的军威凌驾于南海诸州，声名更是威震东南三越。

疆域之内安康富足，暴虐和邪恶不能兴作，远方的异邦十分畏惧我主的神威，就连东夷各族也纷纷过来进献乐舞。所以，当今圣上在观览了往昔以来的礼法典制的旧有章法之后，为您建立邦国，光大宅居，显耀声名在此太原。

您应该接受圣上的旨意，顺承如此的洪福，这是顺应天意人愿呀！您的巨大功勋是如此的光芒万丈，您得到的国土赏赐是这样的巍峨显赫，朝廷内外全都和您和谐一致，没有出现过一丝一毫的过错和违离，这是多么的令人骄傲！用此荣耀去征伐逆乱，就可以身穿朝服威严赫赫地渡江，扫除吴会二郡，向西塞祷长江源头，遥祭岷山。回转干戈之时，也能止驻车架，信手指挥天下。那时，远方无不是顺服，近处亦无不是整肃。

大魏王朝的恩德将光耀于唐尧、虞舜，您巨大的功勋更是超过了齐桓公和晋文公。然后，再像舜那样亲自登上沧州，让大位于支伯；像尧那样，登上箕山，让天下于许由。如此看，难道不是更为盛美吗？

当今世上非常公平，没有哪个人能够跟您比，又何必苦苦作此小让之行呀！

郑冲等人不晓大理，冒昧以此奏闻。

醉意朦胧间，阮籍提笔收尾，眼中已有莹莹泪光。这泪不是因为写了好作品而感动，而是因为文中夹杂着各种各样复杂的心绪。

司空郑冲读了数遍，连连夸赞好文章，笑着问道："您看，要不要改一改？"

阮籍很洒脱地道："一字不改。"他信手一丢，毛笔如石子跳进了池塘。他端起一坛酒，咕咚咕咚大喝起来，似哭似笑地唱起来："盛名之下，其实难副！盛名之下，其实难副……"

不停地重复着八个字，不停地哼着同一个调。

他心中积郁的痛苦，没有人能理解。他只有不停地喝酒，不停地麻醉自己。然后，独自驾着一辆鹿车，也不管前面有没有路，信马由缰地横冲乱撞。如果走到无路可去，就停下鹿车，躺在上面号啕大哭。

世人眼中，他是一个行为乖张的疯子。

只有懂他的人知道，他的"穷途而哭"，实际上是政治上进退维谷的无奈。

就像他为司空郑冲写的那封违心的劝进表。他知道，自己的一世英名，也许就毁在这封信上。每当后人谈起阮籍，即便会提及他的放浪形骸，抵触礼教，鞭挞皇权，恐怕也绕不过去为皇权立功德的事迹吧？

政治无望后，阮籍开始了寻仙问道之旅。

他希望通过寻觅仙人，以忘怀尘世间的无可奈何，遂多次跋山涉水，风尘仆仆地跑去云台山。他要拜访的是一位隐士，据说这位隐士叫王烈，已经三百多岁，乃世上真正的活神仙。

然而，寻觅很久，终不见人。

后来，他听说苏门山上也住着一位隐士，名叫孙登。这次，他找到了孙登，两人还见了面。阮籍非常客气地问道："不知孙仙师是否能告知在下栖神导气之术？"

孙登头微微扬起，双目微闭，一言不发。阮籍凝滞半晌，无奈地一笑，站起身来长啸一声，转身而去。刚刚行到群山环绕的半岭处时，忽然听到远处传来一阵啸声——

闻有声若鸾凤之音，响乎岩谷，乃登之啸也！

啸声已罢，那伫立在山头的身影也随风而去。

阮籍低下头一阵思索，忽然醍醐灌顶，连呼三个"妙"字。

回到山阳后，他的思绪一触即发，信手写就了那篇著名的《大人先生传》。全文洋洋洒洒四千余字，极近文采之绚烂，透理之刻骨。

五十四岁的阮籍，终究还是没有找到解脱之道。

寻仙问道，仙人不见，道也无踪。

寻访隐士，隐士不隐，隐不隐士。

寻求功名，朝廷灰暗，志不由心。

这一年是他的多事之秋。他厌恶了继续买醉以抗世的生活，他本想着归隐山林，就此与竹林相伴余生。

可是，这一篇《为郑冲劝晋王笺》到底是加重了他的悲凉和有苦难言。他违背了初心，终日活在自责、羞愧和无法言说的痛苦之中。

每日酗酒买醉，郁郁寡欢，夺走了他敢于天斗、地斗、人斗的性情。

他从此一病不起，很快就奄奄一息。

临终前，仍旧能听到那微弱的声音，浅浅的仿佛当年在山谷中回荡的那般。只是，那一年，他尚能傲立于广武山上，举头仰望星辰和圆月。

一腔热血，敢叫天地失色。

而今呢，他只能空对着那一顶昏沉沉的纱帐。

纱帐寂寂，四野茫茫。

前途终究像这夜色，伸手不见五指。他一生在黑夜里踽踽独行，本以为可以一展抱负，即便没能做成一番基业，至少也让他留下点东西吧？

可他留下了什么？

除了一生放浪形骸的故事，几卷文书，是再也没有东西了。

遥望着远处的星辰灯火，如幼年时，如成年时，也如老年时，他静静地看着，看着看着，血泪交融的眼睛就挪到了纱帐上。

昏昏沉沉，犹如地狱。他放开怀，戚戚然苦笑起来道——

时无英雄，使竖子成名！

声音悲烈！由笑转哭，由哭转笑。

愤慨良久，终究揣着一生的不甘，撒手人寰了。

嵇 康

第二章／**不求邀众赏，潇洒做顽仙**

第一节　风度翩翩美少年

有些人天生长得帅，这足以让人嫉妒。

可恨的是，帅而不自知，天天用扮丑来折磨自己，穿比乞丐还普通的衣服，整日蓬头垢面，不修边幅，只为放弃英俊的面容。

结果，他拼了命地自我毁灭，依然是鸡群里的凤凰。

真是太没天理。

——这便是嵇康一生的烦恼。

关于嵇康的出生时间，主要流行两种说法：一说是黄初五年（224），另一说便是黄初四年（223）。

追寻真相是历史学家的责任，他们有时以合理的推论还原千百年前的史实。

讽刺也在于此，因为现实往往比推论更狗血。如果你不小心翻开了古籍就会发现，反套路的史实比比皆是。

比如，晋景公内急，慌忙如厕的时候不慎掉进粪坑，淹死了。

比如，高湛的父亲非常想当皇帝，为了培养王霸之气，准备先杀一个厨师练练手，结果厨师进来房间，一刀把他反杀。

……

还有很多，但很多比如都说明一件事。没有铁定的考古发现，很多推论不见得就是真，嵇康的出生时间也是如此。

真假先勿论。总之，黄初年间，嵇康出生了。

嵇康的祖先不姓嵇。倒不是因为他的祖先倒插门，跟了女方姓。说起来，还要插叙一段不堪回首的过往。

嵇康祖姓奚，本来在会稽上虞生活得好好的。到了曾祖父这一辈，不知什么原因得罪了仇家，为了保命，一家老小迁徙到谯国的铚县，隐居于此，并指嵇山为姓。

奚家人成了嵇家人。

到了嵇康的父亲嵇昭这一辈，经过不懈的努力，终于将身份漂白，不仅解决了黑户问题，甚至做了官，官至治书侍御史。从黑户之家逆袭成那时显贵，实在不可思议。

然而，不可思议还在后面。

嵇康继承了父亲的好运，从天才少年到英俊大叔，一路开挂。

——天赋异禀，过目不忘；琴棋书画，无所不专；机灵可爱，颖悟绝伦；足智多谋，别具慧眼；诗词歌赋，样样精通……

如果非要用四个字的词来形容少年时的嵇康，只怕再写个七八十页也不是问题。鉴于在下词穷，只能用省略号来表达深深的敬畏。

过完让所有人羡慕的少年，成年后的嵇康，依然是上天的宠儿。

《晋书·嵇康传》忍不住这样夸他：

（嵇康）有奇才，远迈不群，身长七尺八寸，美词气，有风仪，而土木形骸，不自藻饰，人以为龙章凤姿，天资自然。

一部官方史书，竟然不吝辞藻地去描述一个人的样貌，实在不多见。《世说新语》中对他的描写也略显"花痴"：

见者叹曰："萧萧肃肃，爽朗清举。"或云："肃肃如松下风，高而徐引。"

看来，英俊帅气已经成为嵇康的标签。然而，成也英俊败也英俊。

世人只知道那张面容让人羡慕嫉妒恨，可没人知道一个帅哥究竟有多么痛苦，就像没有人知道无敌多么寂寞。

——这张该死的英俊面孔，曾几何时带给他无尽的创伤。

每次出门，总会有一群匪夷所思的人做一些匪夷所思的事。

女人见了他满目花痴，农活不干，纺织不做，嗷嗷待哺的孩子也不喂，眼睛里全都闪耀着爱的星星，脸上也跳着小鹿乱撞的两个大字——"好帅"。

再这么英俊下去，美好和谐的社会只怕就要动乱。

抚摸着那张绝世的容颜，嵇康无不烦忧地想：唉，都是天使惹的祸。作为有责任感的男人，决计不能成为蓝颜祸水。他要改变自己，从现在开始，愿意为之付出惨痛的代价。

哪怕是毁容！

当然，他毁的不是面容，而是"衣容"。

古人常说，人靠衣装马靠鞍。要想改变自己，首先改变外表。

他不要衣装也不要鞍，穿最普通的衣服，戴最自在的帽子。洗脸也如此，心情好了十五天洗一次，心情不好就等好了再洗。

随性的生活赋予了他随性的品格。

他的胸怀宽广，清心寡欲，不拘小节，已经由内而外地散发。

他喜欢读书，尤其沉浸在老子、庄子的道家典籍之中，满眼都是《道德经》的玄妙无穷，庄子的汪洋恣意、遨游八极、摧枯拉朽……

他加入玄学家的队伍，积极参加在山阳和洛阳举行的清谈活动。

乐观、开朗、阳光、帅气、洒脱……

这时候的嵇康，绝对是一个有趣的灵魂。

第二节 高傲的求道者

正始五年（244），二十多岁的嵇康先结识了河内郡主簿山涛，并在山涛的引荐下，认识了向秀和阮籍。四个人同好玄学，一起游山玩水，谈玄说虚，开始了早期的竹林之游。

如果说自在，舍他其谁。

二十几岁正是一个人最好的年纪，嵇康的二十几岁，要比很多人活得潇洒。

看外表，高大伟岸，仪表堂堂。

看才学，博古通今，信手成典。

看气度，别具风采，吞天吐地。

……

这样的男人，很快就引起曹魏王室的注意。正始八年（247），嵇康在机缘巧合之下，结识了沛王曹林的女儿长乐亭主曹婉仙。

初见嵇康，曹婉仙一下动了心，开门见山地问道："娶亲了吗？"

嵇康摇头。

曹婉仙笑道："正好，我未嫁，你未娶，咱们凑合吧！"

嵇康当即否定道："不好。咱俩结合，怎么看怎么像野鸡配凤凰，仙子配糟糠。"

曹婉仙拊掌笑道："真会说话，本亭主喜欢你的风趣，就你了。"

这是拒绝的言辞，怎奈曹婉仙根本不领受。也许，她真的没有听懂？

算了，换个方式再拒绝试。嵇康叹了口气，刻薄地道："亭主娇生惯养，养尊处优，衣来伸手，饭来张口，又是沛王的掌上明珠，心肝宝贝。这朵花，在下养不活。"

曹婉仙不怒反笑道："哟，没看出来，你很了解我嘛。果然没有看走眼，就你了。"

嵇康倒吸一口凉气，露出这样也行的表情道："究竟要我怎么说，亭主才不喜欢我呢？"

曹婉仙很娇宠地捶了他一拳，羞怯道："怎么说话呢，喜欢就是喜欢，你变成什么样我都喜欢。嘻嘻，你随便改吧，我要定你了。"

长得好，果真是婚姻的敲门砖。

别人都在为找不到媳妇捶胸顿足的时候，嵇康却在为要娶谁而苦恼。

谁也不知道，心高气傲的嵇康为什么要答应这门亲事。也许出于政治考量，也许只是一时冲动，也许因为兄长和母亲的游说，也许还有其他难言之隐……

总之，嵇康娶了曹婉仙，成为曹魏宗室的乘龙快婿，名副其实的皇亲国戚。

结过婚的女人常说，嫁鸡随鸡，嫁狗随狗。

倒插门的男人也有这个原则。所以，在政治上，他没得选择，既然做了曹魏的快婿，死也要留在曹魏。

在嵇康刚刚步入仕途之际，一个年轻人找上了门。

不，确切地说是找上了窗户。

这个年轻人叫钟会，乃是曹魏后期极具才华的才子之一。他出身很好，父亲钟繇曾辅佐曹丕以魏代汉，也是享誉千古的书法家。他的母亲博学多才，精通典籍。

严苛的家境培养了博学的钟会。

入仕之后，他晋升神速。十九岁担任秘书郎，二十二岁转尚书郎……二十九岁封侯，三十八岁任司徒，位列三公……

如此才子，为人定然倨傲，谁也瞧不上。偏偏，他唯一的崇拜者竟然是嵇康。

一次，钟会写好一篇叫《四本》的文章，想请嵇康指点一二。

他拿着稿子，心跳加速地来到嵇康家门前，本想敲门，亲自送过去。可还不及伸手，小心肝就快顶到了嗓子眼儿，手也抖得不行。他纠结了一番，终究没敢敲门，只是把稿子卷成筒往嵇康家的窗户里丢去，一溜烟跑远了。

隔日，嵇康捡到一卷文章，见是钟会的落款，连内容也不曾看，随手丢在一旁。曹婉仙惊诧道："有人给你写信，为何连看都不看一眼？"

嵇康笑道："山里很漂亮的蘑菇也挺好看，你为什么不吃呢？"

曹婉仙反问道："有毒？"

嵇康冷笑道："没错。钟会就是毒蘑菇，有才，有家室，有能力，偏偏满身坏心眼，不走正途，我不屑与他为伍。"

可怜的钟会，终日都在等嵇康的回信。可左等右等，始终杳无音讯。他从期待到焦急，从焦急到紧张，从紧张到怨恨，日复一日，怒火大盛……

身为中散大夫的嵇康，自然感受不到钟会的怒火。

因为此时，他的心思全都扑在一件事上——如何一展拳脚。中散大夫这个官职，听起来很有面子，但性质就像齐天大圣，不过是个闲职，徒有虚名而已。

再看朝堂，曹爽与司马氏两个集团，明争暗斗，瞬息万变，触目惊心。嵇康这个旁观者，只是隔岸观火，就已胆战心惊。

朝廷烂透了。

人心坏透了。

社会黑透了。

嵇康渐渐心灰意冷，再也不愿入仕，只好选择韬光养晦，前往山阳寻仙访道。

几年下来，他的足迹踏遍南行的云台山、神农山、王屋山，还沿着沁河溯流而上到河东。他终于开启了新的征程——

求仙问道，寻访隐者。

采药觅石，炼制丹药。

祈求长生，返璞归真。

原来，停下脚步看风景，风景也会看自己。

有时，人若懂得互相欣赏，也就懂得何为生活。

嵇康还算知足。

第三节 真的还想再活五百年

有一次，嵇康听说云台山上住着一位叫王烈的"活神仙"，迄今已三百多岁。他心血来潮，一连几日在山中转悠，总算结识。

　　二人相谈甚欢，经常相约入山采药。

　　一日，王烈忽见山裂巨缝，从中流出饴糖一样的青泥石髓。他随手将石髓团成丸状，入口咀嚼，竟发现香甜如米饭。吃完后，神清气爽，骨骼强健，可顶十个大力丸。

　　王烈回身去叫嵇康。

　　嵇康匆匆跑过来，二人再去瞧，甘甜可口的石髓竟变成了坚固的顽石。

　　王烈无奈地抿嘴摇头，拍了拍嵇康的肩膀鼓励道："兄弟，别灰心，是神仙早晚都会发光的。"嵇康大为所动，很坚定地点了点头。

　　又一次，王烈去山中采药，忽遇大雨倾盆，电闪雷鸣。他躲进一个山洞避雨，在一个白石架子上发现两卷素书，上面全是天文，一个字也不认识。

　　王烈一怔，赶忙去找嵇康来看。

　　二人顺着原路快跑，兜兜转转，一圈又一圈，诡异的场景再次浮现——山洞不见了，刚刚的经历仿佛是一场梦，梦醒后什么也没有了。

　　王烈仍旧拍了拍嵇康的肩膀，劝道："兄弟，看来你真的不必灰心，因为你的心已经黑了。你不适合当神仙，不如考虑一下普通人？"

　　嵇康义正词严地道："不行，我要像王先生一样，与地同寿，与天同辉，参悟生命本色。"

　　王烈摇头叹道："别参悟了，快回去吧。我的仙运已经被你耗光了，实在没有东西可以教你。"嵇康不走，打死也不走。

　　嵇康知道王烈是在考验他，遂无论王烈说任何决绝的话，他都不接受。无奈的王烈只好把嵇康甩给另外一位隐士——身处汲郡苏门山的孙登。

　　嵇康真诚地行礼，兴高采烈地踏上寻访孙登的旅途。

　　重获自由的王烈，不无感慨地对弟子们道："神山五百年才裂开一次，五百年才流出青泥石髓，人吃后可与地同寿，与天同辉。嵇康志趣非常，每遇天机却总是擦肩而过，看来他命中注定与仙家无缘。"

面上平淡，内心抱怨，看来倒霉运的嵇康给王烈带来不少麻烦。

嵇康与孙登相处三年，也带去了同样的霉运。

孙登实在不好意思撵他走，就听他不断地提问，面上微笑，不答一词。

嵇康有点受伤，收拾好包袱，过来辞行道："先生，我们相处三年，我真心地想聆听先生的教诲，怎奈您却闭口不言，实在让弟子伤心哪。"

孙登叹道："你太耀眼，我教不了你东西。"

嵇康叹了口气，转身要走。

孙登喊住他，无限惋惜地道："你可知道火？火生来会发光，但用的却不是火，而是光；人生来就有才，用的不是人，而是才。所以，光在于积累木薪才能保证光耀；才在于辨别谁能用，才能保全自己。你的性格刚烈，才能突出，在这个时代很难生存呀！"

年轻气盛的嵇康并没有采纳孙登的劝解，仍旧任性率真地道："多谢先生劝诫。大丈夫可死，但不可折风骨。"

拂袖而去的嵇康，于下山的路上急急而行，正好遇到一个樵夫。樵夫见他一身白衣，举止轻盈，气质脱俗，仙风道骨，二话不说，倒头就拜。

嵇康逆着光问他："老伯这是何意？"

樵夫不敢抬头看他，怯怯地说道："小老儿于此遇见仙人，真乃大造化也！"

嵇康一怔，忽然哈哈大笑。原来，樵夫以为嵇康是神仙下凡，这才叩头跪拜。他大袖一挥，逐级而下。

徒余浩然正气和爽朗的笑声回荡山间。

当然，也回荡在樵夫的心里。

正元二年二月（255），司马师病逝于许昌。

司马昭继任大将军之位，统揽大权。他重用钟会、邓艾等人，加快了以晋代魏的步伐。为了吸纳人才，司马昭派人游说阮籍、嵇康等名士。

阮籍无可奈何，只能亦隐亦仕，委曲求全，俯首称臣。

拿下阮籍，司马昭还想招揽嵇康，就问道："先生才华满溢，可否愿意为本将军效力呀？"

嵇康行了一个大大的礼，很恭敬地道："哎呀，司马将军能看上在下，真是我这个皇亲国戚的福分呀！不行，一定要拜一拜。"

话里有话。

嵇康是想表达，一个大将军，公然招揽皇亲国戚为自己所用。这不就是摆明了，以下犯上，不日篡位吗？

司马昭一颤，旋即过去搀扶，爽朗地笑道："先生请起。如此大礼，昭受之有愧。"

嵇康后退一步，继续保持行礼的手势，道："不，嵇康一定要拜完大将军。因为行完礼，嵇康就要远行了。"

司马昭问道："你要去哪里？"

嵇康笑道："寻访名山，炮制仙药。"

司马昭笑着准许了。

他不同意又能如何？依着嵇康的个性，不喜欢就是不喜欢，绝不妥协，宁死也不从。

借修仙访道之名，嵇康屡辞征辟，常年跋山涉水，辛苦收集药材，不厌其烦地炮制药物，只希望经过采药、制药、服药之法养生，也希望减轻政治上的精神压迫。

可是，服用再多的五石散，听取再多的修仙经文，一样换不来精神上的安定，反而加重了他性格的扭曲与身体的病痛。

他有些力不从心。

很累。

第四节　假断交，真性情

甘露四年（259），嵇康从河东返回洛阳太学，心无旁骛地埋头抄写古文石经，只为排解挥散不去的郁闷。

可是，愁上心头，如烈酒穿喉，不大睡一场如何能醒？

然而，醒来又如何？

天依旧黑，世道依旧无可救药。他实在没有任何救世良方，就像他连长生不老之术都练不成一样。

练武之人，心情不好了，打两套拳或许可以解压。嵇康不是练武之人，不喜欢打拳，但他也有东西打——打铁。

嵇康于草木繁盛的山中建了一座庭院，院子里有一棵粗壮遒劲的柳树，为了增加景致，他汲水以环绕柳树，将环境装扮得分外宁静。

每当到了夏季，嵇康就在柳树下打铁，好友向秀过来帮他拉风箱。

嵇康有一双巧手。

据说，宋代词人苏轼珍藏着一柄打制精美的铁杖，就出自嵇康之手。嵇康打造东西不是为了养家糊口，对于一个皇亲国戚来说，辛辛苦苦打铁，恐怕还不及俸禄的十分之一，没必要折腾。

他打铁纯属爱好。

如果有人要他打造东西，不必给钱，只需以酒肴相酬就行。完工之后，他往往要拉着那人于柳树下席地而坐，开怀畅饮，大谈人生。

这一日，嵇康打铁，向秀拉风箱，本是很平常的一天。

在山环水抱的丛林里，忽然传来一阵恭敬的呼喊声："请问，嵇先生在吗？"

向秀一早就听见声音，回头一瞧，原来是官居要职的钟会。他特意穿上精致华丽的衣裳，身后还跟着大量的宾客，看这架势，似乎是奔嵇康而来。

向秀看向嵇康，问道："有人叫你呢，也不回一声吗？"

嵇康只顾埋头打铁，很不屑地道："铁锤也在怦怦地响，难道我也要回一声吗？"

向秀笑道："喊你的是人，不是铁锤。"

嵇康冷笑道："在我眼里，那人还不如手里的铁锤。"

两人谈话间，钟会已经来至身前。他恭敬地向嵇康行礼，大声道："学生钟会，拜见嵇先生！"

嵇康没有理会。

对于不喜欢的人，他经常用冷漠待之。

钟会又大声喊道："学生钟会，再拜嵇先生！"

嵇康仍旧不理会。他唯一发出的声音，只有打铁声。钟会僵硬了很大一会儿，心下震怒，就要拂袖带着宾客们离开。

嵇康这才放下手中的大锤，淡淡地问道："何所闻而来，何所见而去？"

钟会以后背答道："闻所闻而来，见所见而去。"

嵇康哈哈大笑，举起手中烧红的铁板，道："果然是破铜烂铁，打上几百次也铸不成好东西。"

钟会听罢，明白嵇康在用破铜烂铁来形容自己。他不去搭理，一阵冷笑过后，扬长而去。

竹林七贤之中，山涛算是与嵇康政见最不同的一个人。

景元二年（261），山涛擢升为大将军从事中郎。令人奇怪的是，山涛明知嵇康不愿侍奉司马昭，仍旧推荐嵇康接任自己的职务，还得到司马昭的批准。

这不得不说是一件怪事。

也许，山涛忠厚大度，想通过举荐和斡旋的方式，借以舒缓嵇康与司马氏集团的矛盾。

也许，山涛另有打算。

总之，嵇康得到消息后很不开心，登时勃然大怒，认为受到莫大的欺辱。他大手一挥，掷下一篇千余字的《与山巨源绝交书》，借以表达自己的愤恨——

嵇康禀白：

您从前称道我于颍川，我常常说，那是知我之言。然而，有些时候，我又很奇怪这件事，觉得我还没有与您熟络，怎么就了解我了呢？

前年，我从河东归来，公孙崇和吕安告诉我，您提议我代替您的职务。这件事虽然没有达成，但由此可以知道，您并不了解我。

您心性宽厚，遇到很多事都少有疑怪；我性格直爽，心胸狭隘，对于很多的事都不能克制容忍，只是偶然与您相识而已。

最近，我听说您又高升，我终日惶惶不安，郁郁寡欢，担心您羞于庖人独自宰割，硬生生拉来尸祝上前协助，亲自递来鸾刀，污我以膻腥秽垢，所以详细地向您陈述这件事的可与不可。

……

有位农夫，他把太阳晒背当作快乐，把芹菜当作美味。

他想把这两件事奉献给帝王，虽然很有诚意，也十分迂阔，但终究是强人所难，希望您不要像农夫那样。

我的意思就是这些，既以此书解释于您，又以此书向您告别。

嵇康禀白。

吏部郎一职，从属于大将军录尚书事的司马昭，秩四百石，官位不高但很重要。嵇康在信中严词回绝山涛，实际上是拒绝投靠司马氏集团。

嵇康用词辛辣，自嘲即是反讽。

他说，自己仰慕心中装有天下而又有骨气的并介之士，仰慕宽宏博达同时无所不堪的达人，不愿意做看长官脸色行事的官员。

犀利的文辞，看似平淡，实则杀机四伏，将山涛原原本本骂了一遍。

他的反义是，山涛没有胸怀天下，没有骨气，不是博达的人，不堪重用，乃是一个谄媚逢迎的小人。

接着，他说自己禀性懒散放荡，不适合担任吏部郎这样的官员。

事实是，他曾担任过郎中，秩三百石，后迁中散大夫，秩六百石，掌管顾问应对，成为光禄勋属下直接效命皇帝的官员。

由此可见，不做官是假，不愿投靠司马昭是真。

率性刚强的嵇康，看来是要与司马昭磕一磕——不流血，绝不回头！

第五节　朝廷的眼中钉

《与山巨源绝交书》甫一发布，不胫而走，赢来许多的掌声。嵇康一时风头无两，走到哪里都引来一群崇拜者。

一日无趣，向秀找到山涛，很惊诧地问道："这么说，你跟嵇康彻底绝交了？"

山涛笑道："也算，也不算。"

向秀奇道："此话怎讲？"

山涛道："周瑜打黄盖，一个愿打一个愿挨。如此一来，嵇康得了'特立独行，刚正不阿'的赞誉；我岂不是也有了'胸怀宽广，忠厚大度'的美名？我们一唱一和，各有所得，岂不快哉？"

同样的问题，当向秀问及嵇康时，得到的却是不一样的解答。

嵇康扬了扬袖子，笑道："我这叫小骂帮大忙。"

向秀不解反问道："此话怎讲？"

嵇康答道："我向来与司马昭不合，更不愿为之效力。山涛与我不同，他的性命捏在司马昭的手中，我若不骂一骂，与他脱离关系，又怎能解除司马昭的怀疑？"

向秀想了想，问道："如此来看，事先你们都没有沟通过？"

嵇康摇头笑道："如果提前商议好，又怎能以假乱真呢？更何况，交友多年，我们早已明白彼此心思，何必商量，多此一举？"

向秀也看穿嵇康似的笑道："你们两人，果然城府极深哪！看似大吵一架，实则背后有很大的深意。你帮山涛解除司马昭怀疑，此乃大恩。山涛在'忍辱负重'的同时，也一定会帮你培养你的儿子嵇绍。这算投桃报李？"

嵇康笑笑不言，拂袖而去。

看着那个远去的背影，向秀也不知，他们之间究竟暗藏着怎样的想法。但毫无疑问的是，两人并没有恩断义绝。

朋友之间各有各的道。

嵇康不会强迫别人，也不会向任何人妥协。继《与山巨源绝交书》之后，他又一鼓作气写了《管蔡论》。

这篇文章火药味很浓，公然为被周公、孔子视为大逆不道的管叔、蔡叔翻案。

嵇康认为，管蔡反叛并非犯上作乱，而是出于诸侯维护宗室的责任。至于起兵征讨周公，那不过是对周公权宜之策的误解，根本不是叛乱。

如此来看，嵇康在为管蔡两人翻案的同时，已经把周公拉下了神坛。

如果嵇康只是借翻案讽刺周公，自然没必要大手写文。他的箭镞永远那么精准，直刺司马昭的心脏，不差分毫。

昔时，司马昭以周公自居。

这里的周公，暗喻镇压"江南三叛"的司马氏集团。至于"管蔡"二人，暗喻的则是以淮南为根据地，举兵兴讨司马氏的"江南三叛"——王凌、诸葛延、毋丘俭。

嵇康是在曲折地表达，曹魏晚期屡次发生的大臣举兵反司马氏的事变，正是拱卫曹魏政权的正义之举。

春秋笔法，微言大义，一文之中，细思极恐。不是局中人，实难明白个中的微妙。

司马昭看了这篇惊世骇俗的文章，已有了断。他不动声色地笑了笑，心里早就明白，招抚嵇康无望，一个毫不犹豫、毅然决然的念头倏然而生。

杀！

以绝后患。

想杀人必须有杀人动机，即便手握大权，也必须立下一个罪状，最好让任何人都抓不到把柄。钟会深恨嵇康入骨，遂偷偷对司马昭道："杀嵇康容易，只需借一把刀。"

司马昭几分不解地反问道："这把刀现在何处？"

钟会阴险地笑道："正是您的长史吕巽。"

司马昭还是很疑惑地问道："他有何用？"

钟会一番陈述，句句如刀，锋利而杀人不见血。司马昭听完，当即拊掌而笑道："妙，实在是妙。"

景元四年（263），一个人突然造访嵇康的府院。那人推门而入，上来就行礼道："嵇先生，救我。"

嵇康请他坐下，问道："吕巽兄遇到了何事？"

那个叫吕巽的男子额头汗珠滚滚，又怯又怕地说道："这事我说了，你可不能不帮我，也不能断了情分。"

嵇康平淡地说不会。

吕巽强咽一口唾液，支支吾吾道："你也知道，我弟弟阿都娶了一位年轻貌美的媳妇徐氏。四村八舍，谁不垂涎徐氏美貌？但凡是个僧人，见了徐氏都要不羞不臊地直勾勾盯着看。"

嵇康有种不祥的预感，反问道："你究竟做了什么？"

吕巽深深思索了一会儿，才低低说道："那日，那日阿都不在家，我和妻子去他家串门。吃完中午饭，我因不舍徐氏的美貌，就指使妻子将她灌醉，然后，然后趁机奸污……"

"什么！"嵇康站了起来，当即破口大骂道，"兄奸弟媳，如此传将出去，有悖人伦！大逆不道！罪大恶极！"

吕巽慌张地拉嵇康坐了下来，一边掌掴自己，一边解释道："我无耻！我不是人！我不配当吕家的人！我就是畜生！"

第六节 落入圈套

吕巽把脸颊掌掴得红肿，见嵇康怒火小了一些，才解释道："这是家事，不宜外扬。为了阿都，为了徐氏，也为了吕家，实不该去公堂对质。"

吕巽继续小声道："嵇先生素来与在下志趣相投，本是好友，又与我那受苦的弟弟也有些交情。我今日过来，就是希望先生能从中调停、斡旋，以免引起大祸。"

嵇康没有说话，仍是漠然的脸。

吕巽又道："如果先生不同意，巽也别无他法，只有以死谢罪了！"说完，就要去撞墙。嵇康立即直起身来，也不去看他的模样，冷冷地道："我且试一试罢。"

嵇康言出必行。

经过调停，吕氏兄弟总算坐下来交谈。最终，二人化干戈为玉帛。

本以为，事情就此平息。

谁知，几日后，吕安突然被衙役逮捕入狱。原来，吕巽做贼心虚，竟恶人先告状，诬陷弟弟吕安曾经殴打过生母。

吕安在狱中郁郁不平，为了说明实情，特写书信一封，邀请嵇康为自己做证。嵇康了解来龙去脉后拍案而起，愤然写下《与吕长悌绝交书》一文：

嵇康禀白：

你先前与我年纪相近，因为我们数次见面，故而相互亲近。因你情义笃真，我们结为好友，并从此许诺你为至深之交。即便你出仕为官，我隐居荒野，两人的感情也不曾消减。在此期间，我知道阿都心智开通颖悟，很高兴你有这样的弟弟。

可是，阿都去年跟我说，他十分愤恨你，要告官揭发你。我极力去劝解他，皆因你我交情很深，又说你不会欺负阿都，他才听从了我的话。另外，我也暗中劝你与阿都继续和顺相处，这全都是因为，我想让你珍惜家族声望，让你们兄弟平安无事。后来，你也向我许诺，今后再也不与阿都见官，并以你们是同父之子的关系起誓。

我深深感慨你的郑重言辞，劝慰了阿都，阿都消除了愤恨，不再打算告发你。谁知，你竟然心生多疑，秘密揭发阿都的不是。

这一切，全是因为阿都信任我，才没有告发你。怎知，你竟是如此小人，暗藏害人之心？阿都之所以容忍你，实因我的劝说。如今阿都获罪，是我对不起他。我之所以对不起阿都，是因为你对不起我！

为此，我日夜惆怅难消，郁郁寡欢，还能再说什么呢！

从今而后，我再也没有心思跟你交往了。古时的君子断绝交往时，从不说对方的坏话，我自然也不会说。

你我从此分手吧！

即便分别是那么的愤恨不已。

嵇康禀白。

嵇康怒火中烧，大声疾呼，痛斥吕巽的无耻和无赖。

钟会见计谋已成，就联合吕巽向司马昭进言道："吕安掌掴生母，罪大恶极，本就该处以极刑。如今，嵇康违背人伦，竟然公开支持吕安，又陷害长史吕巽大人，实该抓入大牢，以儆效尤。"

司马昭装出一副很大度的样子，反问众大臣们道："这不太好吧？"

如果有人为嵇康求情，钟会立即回以驳无可驳的言辞。直到众人被说得哑口无言，司马昭才"顺应民意"地表态道："那就先将嵇康投入大牢吧。"

云谲波诡的朝堂，杀人如蹑死一只蚂蚁。

嵇康深谙朝中诡诈。

他在牢中悲愤难平，于墙壁上挥笔写下一篇《幽愤诗》，篇名取自司马迁"即陷极刑，幽而发愤"之意：

嗟余薄祜，少遭不造。哀茕靡识，越在襁褓。母兄鞠育，有慈无威。恃忧肆妲，不训不师。爰及冠带，凭宠自放。抗心希古，任其所尚。托好老庄，贱物贵身。志在守朴，养素全真。曰余不敏，好善闇人。子玉之败，屡增惟尘。大人含弘，藏垢怀耻。民之多僻，政不由己。惟此褊心，显明臧否。感悟思愆，怛若创痏。欲寡其过，谤议沸腾。性不伤物，频致怨憎。昔惭柳惠，今愧孙登。内负宿心，外恧良朋。仰慕严郑，乐道闲居。与世无营，神气晏如。咨予不淑，婴累多虞。匪降自天，寔由顽疏。理弊患结，卒致囹圄。对答鄙讯，絷此幽阻。实耻讼免，时不我与。虽曰义直，神辱志沮。澡身沧浪，岂云能补。噰噰鸣雁，奋翼北游。顺时而动，得意忘忧。嗟我愤叹，曾莫能俦。事与愿违，遘兹淹留。穷达有命，亦又何求。古人有言，善莫近名。奉时恭默，咎悔不生。万石周慎，安亲保荣。世务纷纭，祇搅予情。安乐必诫，乃终利贞。煌煌灵芝，一年三秀。予独何为，有志不就。惩难思复，心焉内疚。庶勗将来，无馨无臭。

采薇山阿，散发岩岫。永啸长吟，颐性养寿。

钟会读到这首诗的时候，心里一喜，当即献给了司马昭。他很清楚，司马昭之所以还没有动杀嵇康的心思，那是因为还没有彻底暴怒。

这首诗，恰恰是一条导火线。

第七节 生比死更难宽恕

钟会借那首《幽愤诗》，词理恳切地对司马昭道："大将军，嵇康这首诗，表面是在叙述自己的成长过程与人生追求，以及身陷囹圄的事实。实际上，他在用文字游戏讽刺您，借以抒发……"

司马昭冷声问道："抒发什么？"

钟会胆怯地道："他想表达您擅权专政，借机害人。他最后说不向我们低头，仿佛是在发誓，将永远跟我们斗争到底。"

司马昭凝望着远方，深邃的眸子里一潭死水。

钟会又说道："嵇康是人中卧龙，抓住了，千万不能放回去。否则，放虎归山，后患无穷。"

司马昭寒眉微皱，问道："你的意思？"

钟会做了一个杀的手势，"杀之！当年，毋丘俭起兵反抗您的时候，嵇康就准备举兵相应，可见他的狼子野心。如果不是山涛阻止他，后果将不堪设想。为了以晋代魏的千秋大业，非杀嵇康不可！"

司马昭缓缓转过身，再度凝望着那片天空，神鬼不觉地点了点头。

秋。

西山的枫叶已红，郊外的晶露已白。

行刑台上，一个衣袂漫飘的年轻人正俯视着台下跪着的三千名太学生。

黑压压的学生全都低下头，欲哭无泪。受刑人却风轻云淡，温柔地看向悲戚的学生们，说道："都起来吧。生死无常，天命已定。我违拗不得，你们也是。"

一个学生抬起头来，很不甘地问道："先生本可以不死，为何要为了不相干的人事，白白丢掉性命？"

嵇康轻勾唇角。

他在冷笑，不是嘲讽，是无奈，因为他知道，吕氏兄弟案不过是导火线。真正痛下毒手的，乃是司马氏集团。

三千名太学生不明就里，纷纷来行刑台抗议示威。

他们请求赦免嵇康，还要求他到太学讲学。行刑官员见场面失控，赶忙去告知司马昭。谁知，司马昭竟很泰然地道："准时行刑，冒进者就地处决。"

学生们无力回天，长跪于行刑台前，热泪相送。

嵇康顾看了日影，忽然非常复杂地大笑几声，良久以后，才对台下的嵇喜道："烦请兄长取来愚弟常用的五弦琴来。"

嵇喜命人去取，很快就送到嵇康手中。

他正襟危坐，双目微闭，洒脱地弹了一首曲子。轻微晃动的身躯，仿佛当年在竹林中跟阮籍、刘伶、王戎等抚曲一样。

听曲，冥想。

时而如潺潺流水，时而如惊涛巨浪，时而如铁马奔驰，时而如电闪雷鸣……气势汹汹，情绪饱满，音符激荡。

这是一首《广陵散》，古时为《聂政刺韩傀曲》。当年，嵇康游玩洛西的时候，拜一个友人相赠。

曲子展现了战国侠士聂政不畏强暴，宁死不屈，壮怀激烈，慷慨英武的浩然正气。

此刻，在这深秋，在这狂风大作的刑场，在这落叶纷飞的大地，在这万物赴死的季节，聆听，感悟，最是情思汩汩，泪不忍咽。

一曲作罢。

嵇康平静地睁开眼，映着清冷的秋色，仿佛如登化境的仙人。

谁也没有想到，一首送别的曲子，竟让台下所有学生哭成一大片，就连那个即将行刑的刽子手，眼中也饱含晶莹的泪光。

原来，没必要知道他经历过什么，有过怎样的苦愁和无奈。

只需听一首曲子，足以共情。放下琴，嵇康已迎着秋风站了起来，深深地叹道："从前，袁孝尼想跟我学习这首《广陵散》。我吝惜曲中音妙，总不肯教他。而今就要赴死，人去琴荒，《广陵散》只怕就要失传了。"

叹息完毕。

他的视线忽然看向行刑台下的一众亲人，曹婉仙站在中间，默默噙泪。长子嵇绍和长女嵇氏分立两旁，泪光盈盈，痛心欲绝。

嵇喜虽不曾痛于言表，但也是一脸肃穆地站着。

看着父亲大义凛然的模样，嵇绍忽然想起两人昨夜在牢中的对话。嵇康语重心长地对他道："有巨源在，你就不会孤独无靠了。"

原来，世人都以为嵇康与山涛绝交，老死不相往来。可只有他们明白，这个世上，终究有一个人要以流血的方式唤醒理想，另外一个人就以苟延残喘的方式狼狈而活。

大义凛然的光荣，狼狈而活的畜生，这似乎是绝大多数人的论断。

然而，没有人能比嵇康明白，山涛的活要比自己的死更痛苦。

拥挤的人潮，在恍惚的日光中，他看到了山涛。那人易装改服，化于人海。就像现在他们的关系，明明是撕破的脸，却深深念着情。

黑暗的朝局不得不让他们互相攻讦，他们也不得不从。但彼此都知道，这样置之死地而后生的交往，丝毫不能摒除两人的情分。

山涛终究要来送嵇康一程啊，不论多远的路，不论终点在何方，都要来。

嵇康也看到了他。

汹涌的时光里，嵇康在笑，冲着山涛所在的方向，微笑，仿佛交付了所有的嘱托和希冀。

笑就表示，他无憾了。

然后才能昂首阔步，在沧桑的秋风之下，仰天大笑。

直至——

慷慨赴死。

向秀

第三章／温良过一生，平凡且喜乐

第一节 最年轻的老师

言及竹林七贤，每个人似乎都很有特点。

阮籍特别不羁，嵇康特别率真，山涛特别忠厚，刘伶特别放情，阮咸特别任达，王戎特别世故……

向秀也很特别。

特别普通。

论家世，史书中没有提到过向家的一星半点，就仿佛是石头缝里蹦出来的。

论性情，跟其他六贤相比，他也没什么特色，不恣意，不放情，不纵酒，也不怼天怼地。

论长相，史书中没有大书特书，甚至言及寸许，想来也是没得写。

如此看来，他也许真的很普通。

有些伟人看起来也很普通，但人家那是普通得伟大。向秀之所以能进入竹林七贤的队伍，自然有他独到的地方，可能是因为——普通得太过于伟大。

向秀大约出生于公元227年。

关于他的出生情况，以及童年时光，做过什么传奇的事，有哪些好玩的经历……这些，史书中统统都没有记载。不过，为了使史书叙述连贯，一般的史传中倒是常常会嵌入一些过渡性的词汇，倒可以一窥些许。

自幼聪明，刻苦自励，勤奋向学，一手好文，名震乡野……

没错，古代文人的传记，一旦提及童年，恐怕都会用这类的词叙述，以至于我们不得不相信，他们也许真的就是这样的人，因为只有这样的人才符合我们对才子的幻想。

姑且，我们也如此认为吧。

魏正始四年（243），一个连老天也遗忘的月份，向秀迎来十六岁的生日。别人的十六岁，估计还在下河捉鱼，上梁捉鸟，打雪仗，堆雪人，玩蹦蹦跳跳……

向秀的十六岁终于不再普通，他挥挥手，告别了同龄人的稚嫩，迎来了别人二十六岁恐怕才会有的辉煌。这数年来夜以继日地钻研学问，他已经成为当地小有名气的才子。

所以，在乡亲们眼中，他就是一颗夜明珠，晚上也能照明的那种。

这一日，大家把他团团包围起来，举着鸡蛋、布匹、蔬菜、肉类等农产品，脸上洋溢着只有春天才绽放的喜悦，高声呼喊向秀的名字，并希望这位村子里最闪耀的才子做一件事——振兴乡村教育。

看到乡亲们这么热情，向秀心里热泪盈眶，发誓一定会好好讲学，不负大家的重托。于是，他以一个少年人的年纪，成了私塾中最年轻的教师。

他在台上滔滔不绝地讲学，引经据典，一泻千里。学生们在台下认真聆听，充满了对知识的渴望。

学生们真的很向学。

三十岁的大哥翻开了课本；四十岁的大叔正在跟着高声朗读；五十岁的大爷手握书卷，挤眉深思；六十岁的爷爷捋着胡须，不知所想；还有七十岁的老太爷，抿着掉光牙齿的唇角，很崇敬地说：“向先生讲得好呀！”

至于小于十六岁的娃娃们，同一个步调地摇头晃脑，实在没有东西可以描述的。

就这样，向秀掘到了第一桶金。

一日晌午，温暖的阳光照进私塾，落在最后一排最角落的一个人身上。

那人也不拿书，只是坐在那里认真听课。看年纪，不大，至少跟他的老年学生们相比还嫩了点，粗粗估算，最多也就四十岁的样子。

十六岁的向秀，看着这个“年轻”的学生，忽然问道：“你怎么不拿课本就来了？”

那个人站起来，很恭敬地行了礼道：“我因仰慕向先生大名，特意过来听讲的。”

向秀询问那人来历。

那人才笑道：“在下河内郡功曹山涛。”

山涛大名，如雷贯耳，向秀自然听说过，当即作揖道：“原来是山涛先生，久仰大名。”

简单相识，一见如故。

山涛忠厚大度，有慧眼识英之才。他向来喜欢奖掖后生，自然对没有任何社会背景但出类拔萃的老乡很是欣赏。

从此，二人把酒临风，对看日月，过起文人风骨的生活。

一天，日暖风清，天地澄明。

山涛与向秀在竹林中对饮，聊至尽兴处时，忽闻山涛笑道：“向秀老弟，今日我要为你引见一个人。"

向秀端起酒樽，正在暗自揣度。

忽然，大风卷来，联动竹叶，发出哗哗啦啦的声响。紧跟着，一阵与风齐来的笑声也飘了过来。

豪迈飘逸，洒脱如风。

山涛看向声音的方向，笑道："他来了。"

那人身材高大，骨肉均匀，风姿卓然，五官精美，无论从哪个角度看，都是一位世间罕见的美男子。

向秀起身向那人作揖道："这位就是嵇康嵇先生吧？"

嵇康也不见外，在二人中间坐定，举起一杯酒敬给向秀，笑道："你就是巨源常常提及的向秀向先生吧？"

向秀称是。

二人对饮，以笑为语。

第二节 小跟班的学习生涯

向秀结识嵇康之后，很快成为好友。嵇康只比向秀大三岁，所以不存在年龄上的鸿沟，他们随心所欲地畅谈，没有任何限制。

除了吟诗作文，谈玄说虚，酣饮啸歌，向秀实在没有别的兴趣爱好。嵇康就不同了，他的爱好很特别——打铁。

作为铁打的哥们儿，嵇康在打铁的时候，怎能不拉上向秀？

向秀能干什么呢？抡起大铁锤，锻铁不现实，砸脚倒很简单；让他淬火，估计烧红的铁块淬不灭，喷出的热流反而会烫伤他的脸。

对于文弱书生来说，这样的苦力活，真的难为向秀了。

向秀也不是一无是处。至少拉风箱，一进一出，还是很好操作的。从此，嵇康再也不让书童拉风箱，这项专业的技术就交给了专业的向秀。

嵇康不是一般人，也不做一般事，跟嵇康在一起，必须承受生活赋予的所有重负。

这年夏天，在幽幽的竹林里，嵇康又喊向秀过来打铁了。

尽管树木遮阴，夏风鼓动，比起外面能把人蒸熟的天气，已经算舒服的了。

然而，舒服是相对的。

向秀没有开工，依然大汗淋漓。他也没有穿多少东西，不过一件薄衫薄裤，还是敞胸露腿的那种，怎么就这么热？

真是鬼天气！

再看从屋子里走出来的嵇康，向秀差一点晕过去。

棉衣棉裤，臃肿如熊，裹得严严实实，不留一点缝隙，这哪是过夏天？数九寒冬也没人这么穿好吧？

向秀在脑子里吐槽了一遍，但仍旧很心平气和地道："叔夜，你为什么穿如此厚的衣服去打铁？"

嵇康只是笑，不作回应。

向秀猜道："难道你怕火星或淬火的热水溅到身上，以作防护？这也太夸张了吧？"

嵇康仍旧在笑。

向秀又猜道："难道你染了风寒，要捂一捂汗？这也太夸张了吧？"

嵇康已经收拾好家伙事，当当当打起铁来。他让向秀去拉风箱，向秀只好去干活。很大一小会儿过后，嵇康得空休息，才对向秀笑道："怎么样，热吧？"

向秀甩了甩脸上如雨的汗珠，勉强笑道："不热，就是有点湿。"

嵇康摇头笑道："所以，你才体会不到夏天的快乐。"

向秀反问道："夏天的快乐？"

嵇康抬起热得紫红的脸，气喘吁吁地道："每个季节都有它的快乐。春天是暖，夏天是热，秋天是寒，冬天是冷。知四季之变化，才能知人生之反复。"

向秀挤眉反问道："所以，你就穿冬天的衣服来体验夏天的炎热？"

嵇康哈哈大笑道："非也，是也。我体验的不是炎热，乃是……"

向秀抢答道："寂寞？"

嵇康自顾自地道："一个人读书很苦，却还要头悬梁锥刺股，继续增加痛苦；一个人登山很苦，仍旧不到山顶不放弃；每个人都有每个人的苦，可为了完成一件事，必须拥有承受那份苦的意志力。"

向秀畅然明白道："你的意思，穿棉衣体验夏天常人体会不到的炎热，目的便是，让自己时时刻刻牢记理想，不要因为懒散和意志力减退而放弃。"

嵇康很赞成地道："没错。我之所以喜欢打铁，因为它能锻炼我的意志力，让我在任何时候都能保持清醒。而在夏天穿棉衣打铁，正是用来磨炼这种意志力。"

虽然向秀明白嵇康，但这样以自残的方式来锻炼意志力，他真的不能接受。

嵇康的奇、绝、率真，让向秀渐渐学习到很多人生的哲理。

相比那些告诉别人如何行事，却从未有过验证的理论派，向秀更喜欢嵇康这样的实践派。嵇康的率真、豪放、真性情，一言一行，全都付诸行动，不会携私，也深深影响着向秀。

白天，二人亲密配合，在大柳树下打铁，挥汗如雨。晚上，他们抵足而眠，枕风对月，把酒谈玄，过得很是逍遥。

就这样，山涛略加援手，让向秀轻轻松松结识到很多的风流雅士，无疑成为他的人生转折点。

这一年，天下闻名的阮籍托病辞去尚书郎的职位，毅然离开京师洛阳，前往河内郡山阳城一带隐居。

山涛如同胸怀广袤的捕猎手，见阮籍就在附近，怎能放过？

他积极组局，很轻松地将阮籍介绍给向秀、嵇康相识。真没想到，几个人志趣相投，三言两语就引为知己，终日在葱茏茂密的丹沁竹林里游玩、饮酒、缅怀日月。

这种高歌狂饮、轻吟品茗的岁月，是向秀一生中最无忧无虑、逍遥惬意的时候。

第三节 三人竹林行

竹林七贤之中，向秀很像磁石，无论什么样的人，似乎都能吸到自己的身边来。除了山涛，嵇康也曾给向秀介绍过朋友。

嵇康的朋友叫吕安，山东东平人。

此人是当时公认的名士，但就是有些恃才傲物，蔑视礼法，故而才生出那桩置嵇康于死地的事件。

不过，吕安跟嵇康的交往是很真挚的。因仰慕嵇康的才学，但凡思念之时，即便千里迢迢也要过来见上一面。

哪怕只是宿醉一晚，第二日再风尘仆仆地回去，吕安都不会皱一下眉头。

这份浓浓的情谊，不必多说什么。

一日，向秀来嵇府找嵇康闲坐，不巧嵇康出门远游不在家，就陪着嵇喜说了一会儿话。临近中午，有人敲门。

仆人过来禀报，一个叫吕安的人来看望嵇康。

嵇喜得知后，高高兴兴地出门迎接，见面便寒暄道："原来是吕兄，快快有请。"

吕安仰着高傲的脖子问道："嵇康在家吗？"

嵇喜呵呵笑道："小弟出门远游至今未归，等他回来时，一定让他写信告知你。"

吕安轻轻嗯了一声。

嵇喜又客气地道："一路辛苦，快快进屋坐一坐吧？"

吕安很不屑地扫了一眼嵇喜，冷冷地道："不坐了，我这就回去。"

嵇喜不解道："为何如此急？喝口茶，吃顿便饭再走吧？"说着，就让仆人过去殷勤挽留。

谁知，吕安竟然从怀里掏出一支毛笔，用舌尖舔了舔，在门上写了一个大大的"鳳"字，什么也不说，扬长而去。

嵇喜对他的无礼很是恼怒，一边抱怨一边回到家中。他跟向秀说起这件事，还不解地问向秀道："这个吕安在门上写了一个'鳳'字，究竟是何意思？"

向秀一怔，略微沉思：鳳字拆开，便是凡、鸟二字。吕安应该是想讽刺嵇喜俗不可耐，故而才写下此字。

然而，嵇喜还真不是凡鸟。

他在曹魏时举秀才，后为卫将军、齐王司马攸之司马，曾是齐王重要的幕僚之一。

入晋之后，历任江夏太守、徐州刺史、扬州刺史、太仆、宗正等重要官职，本人还有文集二卷传世。

看到这样的阅历，自然能看出，嵇喜是一个很识时务的人。

正因为太识时务，所以才会让吕安这样恃才傲物的人瞧不起。

向秀明白实情，也知道"凤"字的妙处，但他不能说，只好笑着作揖道："在下才疏学浅，实在不知道'凤'为何意，不如等叔夜回来，问问他。"

这次神交，让向秀对吕安刮目相看。

向秀迁居山阳城不久，吕安也举家迁徙过来。

从此，他们和嵇康住在一起，形影不离。吕安还在家里开辟了一片不大不小的菜园子，兴趣来了，便去汲水施肥，灌园自娱。

三人的爱好是相同的。

一块儿打铁，种菜，汲水，施肥，除草，灌园，赋诗作文，把酒对歌，谈玄论道，抵足而眠，不问尘世。

嘉平元年（249），高平陵政变前后，刘伶、阮咸、王戎也不约而同，先后来到山阳，加入竹林之游的队伍。七人寄情山水，抚琴而歌，对酒长啸，成为张扬个性、追求真我的魏晋风流。从此，竹林七贤齐聚山阳。

向秀一向沉静平和，处世淡泊，他深受山涛的影响，低调做事，一切中庸为上。

他没有嵇康的咄咄逼人，锋芒毕露；也不像刘伶拼命饮酒，自我炫耀；更不像王戎，处世圆滑，贪鄙吝啬……

向秀是竹林之游最坚定的捍卫者，也是最积极的参与者。

当然，不能因为他性格不突出，就认定他浪得虚名。向秀最拿得出手的能力便是学术研究，乃是一个愿意皓首穷经的青年学究。

一日下午。日光昏黄，天地一片浪漫。

嵇康依旧在打铁，向秀依旧在拉风箱，吕安依旧在灌园。

不同的是，嵇康是真的打铁，吕安是真的灌园，向秀却是假的拉风箱。因为他的手中正拿着一本书，只看封皮便知，乃是大名鼎鼎的《庄子》。

嵇康风趣地笑道："这本《庄子》你应该都会背了，为何还要反复地读？"

向秀盯着书上的内容道："我准备写一本《庄子注》。"

吕安不可思议地问道："什么？我没有听错吧？"

嵇康道："《庄子》玄言高深，旨意广博。平庸者只会平庸地注，所成之书，必然面目全非，僵滞不堪。更甚者，南辕北辙，不得要领。再则，千百年来有多少人为《庄子》注解，又有哪个能真正理解其精华，把握其要旨？"

吕安也道："是啊，如今世上流传着数十种庄子注本，没有一本能拿得出手。你的功底虽然不差，但想要阐明《庄子》之意，实在有点不自量力。"

对于打击，向秀没有反驳，只是笑笑不语。

嵇康一锤砸在烧红的铁块上，喘息着喃喃道："此书若还要复注，只是耽误人作乐而已！"

向秀合上书，起身看向嵇康和吕安，笑道："那你们等着，我早晚会拿出一本像样的东西。"

第四节 知足者常乐

向秀说到做到。

他把大部分时间都花在注解上，每日埋头苦读，认真思考，不问昼夜。

奋战数个月后，向秀的《庄子注》总算基本完成了。一日晚上，他请嵇康和吕安到家中饮酒，喝得正尽兴的时候，向秀颇为得意地拿出一部分稿子给嵇康看。

嵇康笑问道："这是？"

向秀几分谦虚几分炫耀地道："我的新注，你看看是不是比旧注好点呢？"

嵇康有些吃惊，但还是很认真地翻看起来。匆匆读罢，只觉有清水在脑海里激荡。他合上书，非常激动地道："玄理剖析美妙，新意迭出，真是让我大开眼界呀！"

吕安抢过书，也匆匆读完，不禁对向秀佩服得五体投地，快人快语地称赞道："庄周不死矣！庄周不死矣呀！"

嵇康和吕安都盛赞不已的作品，自然是佳作无疑了。

很快，向秀还未完稿的《庄子注》不胫而走，流传大街小巷，洛阳纸贵。许多人纷纷争购，只为一睹神书风采。

可惜，《庄子注》一书并非完善本。

直到向秀去世十几年后，《秋水》和《至乐》两篇仍旧没有注解。谁也不知道什么原因，究竟是他不愿意注，还是得意忘形不想去注，这都无从考证。

正因为文章的缺失，才给了郭象剽窃《庄子注》的机会。向秀当然不知此事，因为他正在酝酿另外一件事——注解《周易》。

《周易注》也是一部义理精辟的文章，一字一句斟酌再三，颇有风味。然而，此书已经没有了《庄子注》的轰动效应。终究是秋天里的一阵风，吹来即飞散。

此时的向秀，终日沉浸在学术研究与读书的环境中，已经不记得，日何时落，月何时升。

然而，天下大局如桑蚕食叶，正悄然发生着巨大的变化。

甘露五年（260）五月，相国司马昭酝酿良久，终于决定痛下狠手，将年仅二十岁的曹魏第四任皇帝曹髦无情诛杀，改立曹奂为皇帝。

司马昭已然一手遮天，权倾四海。

山涛、阮籍、王戎怀揣着满身的抱负，纷纷投入司马集团为官；刘伶、阮咸则悄然离开竹林，各奔前程。昔日饮酒赋诗，纵横天地的七人，到如今风流云散，难再重聚。

郁郁葱葱的竹林，除了风吟和日光不曾变化，只剩下嵇康、向秀和吕安三人依然坚守当初，不离不弃。

他们过着从前的生活，打铁、灌园、大醉、狂歌，反对名教礼法，不与世俗同流合污。

这些在以晋代魏的大局面前，无疑是绊脚石，司马昭很想将他们处之而后快。只是没有把柄，不好下手。

魏景四年（263），正当司马昭一筹莫展的时候，发生了吕氏兄弟案。司马昭接受了钟会的意见，将计就计，渲染罪行，将嵇康、吕安二人就地处决。

曾经的竹林三友，而今只剩向秀一人。

在血淋淋的现实面前，向秀看到了司马昭丑恶的嘴脸，也深深体会到，在强权面前，名士无论怎样有风骨，一样折不断钢刀。

向秀很胆怯，惶惶不可度日。

作为嵇康的好友，在他受刑之日，竟不敢奔赴洛阳刑场为之送行，终究是胆小如鼠。

可他真的怕死吗？

也许，他是不甘枉送性命。

仰望苍天，有星月，有银河，有白云，还有无垠的幕布。

这些东西因为有了想象，才有了具体的形迹。他呢，此一生，也是为了某种想象而活。他不是山涛、阮籍、王戎，想着在政治上一展拳脚。也不是嵇康，为了风骨，宁肯流血赴死。

他就是他。

他的理想十足简单——做学问，成隐士。

向秀很清楚，嵇康和吕安之死，绝不是简单的民事案件，而是有人策划，从中作梗，精心布局的政治手段。

曾经，全部看在眼中的嵇康想逆命改命，结果落得身首异处的下场。

赴死纵然慷慨激昂，但终究是冲动了些。

向秀不愿做第二个嵇康，他决定从此改变行事作风，避开政治的风口浪尖，以一身透明而活。

次年春，百花争艳，绿满江畔。

时任散骑常侍的山涛因见向秀穷困，就利用职务之便，指使河内郡守举荐向秀为官。向秀没有推却，因为他确实需要一份糊口的工作。

只是，他要去洛阳。

一个很近又很远的地方。

第五节　风骨再倔，也要吃饭

向秀出发了，踏着即将落山的夕阳，向着未知的远方而去。

他本可以不经过山阳，可想起慷慨赴死的嵇康，想起吕安，他心中一阵酸楚，遂直奔山阳而去，打算去嵇康旧居瞧一瞧。

他独自下了马车，就像过去一样，直奔那片院落。

四周杂草丛生，院门开着，也不怕贼人光顾。荒凉就是荒凉，废弃便是废弃，人已去，物还在，再也无法重构昔日的欢乐。

及至柳树下，仰望毫无生气的柳条，结满蜘蛛网的屋檐，抚摸着那些尘封了许久的器物。向秀竟有些恍惚，出现似真似幻的画面。

他听到一阵当当当的打铁声，以为嵇康没有死，正想喊嵇康的名字，可清醒了头脑才知道，打铁的人已不在。

他仿佛听到吕安充满讽刺的笑声，然而仿佛就是仿佛，不曾浮现，也永不可追寻。

他万分失落地斜倚着柳树，举着酒坛咕咚咕咚喝了好几口酒，才自顾自喃喃道："叔夜，你死也不肯效忠司马昭，热血之气，刚直之情，世人少有。而我……"

向秀冷笑。

他笑自己无能，笑自己软弱，还笑自己苟且偷生。

他冷笑着道："而我，为了一箪食、一豆羹，竟连风骨也不要了。你若是还在，会不会跟我割袍断义，就此绝情？"

抬起泪痕未消的眸子，向秀发了一会儿怔，竟然文思泉涌，不可遏制。他在柳树下的几案上铺开纸张，大笔一挥，写下一篇《思旧赋》——

我和嵇康、吕安情绪相近，这两人都有不可羁束之才。

嵇康志向高远，但举止懒散；吕安心胸旷达，但是言行方逸。此二人本是当世才子，后来皆因事被杀。嵇康博学杂识，精通各种技艺，尤其擅长乐器。临行前，他一面注视日影，一面取琴抚弹，何等风度？

如今，我将西行，经过嵇康的故居，百感交集。此时，日落西山，凛冰凄寒，悄怆幽邃。不时，邻近有人吹笛，声音清爽动听，这让我不禁想起当年在竹林交友时的欢乐场景，因感伤的情绪无处释放，故而写下这一篇赋文：

我即将奉命去远方的京城，随即返还要向北征行。我乘船逐浪而渡过黄河，经过山阳的故友旧居。遥望四野，凄凉萧索，不堪审视，但仍旧停下我的车马，驻足回忆。我脚踏着嵇康和吕安当年的足迹，一步一步，走过那简陋的巷道，走过那不忍回首的过往曾经。忽然想起，古诗《黍离》中的悯伤宗周，悲叹箕子在殷商废墟吟诵《麦秀之歌》。

如今，追思古昔以思念旧友，纵然心中平静，可谁又能奈何步履蹒跚呢？旧屋尚存，可好友的魂兮，又该飘往何处，我要如何去寻呢？曾经，李斯受人诬陷，就悲从中来，哀叹再难享受黄犬逐兔之乐，暗自哭泣。嵇康在临死之前，从容淡定，一面顾视日影，一面抚琴。他是要在音乐中寄托人生的遭遇，借以抒发寸寸已逝的光阴。

听到邻人的鸣笛声如此悦耳动听，即便音乐中断，那绵延的感触仍旧续存。前方是待命远行的马车，我将要走了，所以才取笔疾书，用来倾诉那汩汩流淌的心事。

提笔收尾，天幕已将。

是时候出发了，纵然不舍，也要走了。

万般不甘，千般不愿，他离开了嵇康的故居。

上了马车，在一步三叹中踏进皇城，也终于见到那个让人闻风丧胆的司马昭。

司马昭挥一挥长袍，虽是在笑，但不无霸气地道："我听说，向先生自诩是巢父、许由那样的大隐士，如今，怎肯舍下尊躯，到我这里做官了？"

向秀知是挖讽，要是稽康在，早已直言而去，管他是谁。但向秀不是稽康，他很清醒，若是直言，必然性命堪忧。于是，他"理直气壮"地驳道："巢父、许由之流，根本不知晓帝尧求贤若渴之心。一群鼠目寸光的文士，有何羡慕之处？"

司马昭有些惊讶，因为他不敢相信，稽康和吕安的好友竟然说出如此奉承之言。当然，惊讶过后，随之而来的是长笑。

笑声几乎溢满高堂，远放天下。

于司马昭而言，杀人容易，动动嘴皮子便可，但诛心太难。让一个人心服口服，绝不是一刀毙命就可以解决的。

向秀寥寥数言，已说明两件事。其一，司马昭的文治武功可比尧舜；其二，自己不再做隐士，愿为司马昭效犬马之劳。不论向秀是否出于真心，司马昭都愿意接纳他为自己所用，遂当即任命向秀为散骑侍郎。

向秀的仕途生涯，正式开启。

第六节 "一国俭"的金银饼

向秀跟阮籍一样，并非真心屈服于司马昭。

不过，向秀又不是阮籍。因为他不愿意用放浪形骸的方式做抵抗，他只想安安分分地研究老庄哲学，每月领一笔俸禄糊口。

他很随性，不按时上班，不跟上下属厮混，不出入烟柳之所，不贪图不义之财……

他的悠闲和逍遥错失了很多升官发财的机会，本以为可以出几部惊世骇俗的作品。

可谁又能想到，这个决定下半生专心治学的人，竟然在此后的十年间没有留下任何一部著作。没人知道，向秀是写了没能发表，还是一直提笔却终究难下文辞。

但可以设想的是，向秀的"江郎才尽"极大可能跟心灰意冷、悲郁交加有关。毕竟，厌世的人看什么风景都是魔鬼。让他提笔写魔鬼，自然不愿。

抛却仕途和成就，向秀还是一个爱民如子、自律自持的好官。

向秀小时候家里很穷，经常吃了上顿没下顿。

饥饿是病，得了就只能等死。因为挨过饿，他特别珍惜粮食，如果吃饭的时候不慎掉了一粒米，一定会捡起来抿进嘴里。

每次吃饭都干干净净，即便做了官，有了较高的俸禄，也保持着过去的作风。

他的俭朴是出了名的，外出公干坐牛车，坚决拒绝享乐的宴请，一切从简。如果谁在饭桌上浪费粮食，他会心疼得跺脚，再视情况好好给那人上一节"粒粒皆辛苦"的课。

这样的人，同僚们喜欢才怪。

不久后，大家给他起了一个响亮的外号——"一国俭"。意思就是，"一国之内唯向秀最节俭"。

晋武帝泰始五年（269），严冬无雪，春旱无雨。

河内怀县的老百姓们，正在为一件事犯愁。举目四望，田野里的麦苗长得稀稀落落，只怕到了秋天颗粒无收。

眼见饥荒即将来临，远在京城的向秀很为家乡的人担忧。

一日，他想到办法，就把贴身侍从叫来，吩咐道："我去筹款购买粮食，再想办法运往河内。你带人到京城的各大饭庄收集遗弃的馍和米饭。将能吃的馍切成片，将米饭拍成饼，晒干之后装进麻袋里。"

侍从很不理解道："敢问老爷，你囤这些东西干什么用？"

向秀叹道："留着赈灾。"

日积月累，向秀的家中堆了满满的麻袋。他见囤积饶是不少，很欣慰，就给这种黄馍片和白饭饼混搭的干粮取了一个好听的名字——金银饼。

秋天来临，饥荒还没有发生，蝗灾却凭空出现了。

临近年关，家家户户都没有余粮，只能坐吃山空，等死。向秀得知后，即刻雇了马车，将这些金银饼全部运往家乡，救了数以万计的乡亲。

为了感谢向秀，村民们就把向秀住过的村庄命名为向村。

古代，向与尚同音，有人也会写成尚村。后来，尚村又发展为东尚村和西尚村，再后来又多了一个柴尚村。

向秀对吃喝招待没什么好感，他的抠门是出了名的。一般去向秀家做客的官员，如果不是比向秀还抠，就一定有身不由己的原因。

山涛混迹官场多年，非常清楚，向秀再这么抠下去，只怕很快就会被人整死。

为了拉他一把，又不直接点破，山涛就抽了个空，跟向秀委婉地道："向老弟，我知道你非常乐善好施，有了钱，全都用来接济穷人，所以几乎没有余钱吃喝。哎呀，我既心疼你，又时常为你担忧。"

向秀疑惑道："大哥何出此言？"

山涛叹道："京城是个是非之地，尤其做官，更要眼观六路，耳听八方。你要时常想他人未想，行他人未行，不然，很容易栽个跟头。"

向秀微笑道："大哥是想说，做官有些时候，还必须趋于应付？"

山涛笑着说道："没错。你也好久没跟同僚们聚一聚了，不如明日你做东，请大家吃一顿便饭？"

向秀这才明白山涛的意思。

第七节　吝啬的"蟠桃盛会"

原来，所谓应付，就是撕掉一毛不拔的标签。在京城当官的这几年，向秀也没少应酬过。然而，只有别人请他，他从来没有请过别人。

时间久了，同僚们背地里都称呼他"铁公鸡"。

向秀知道这样很容易得罪人，但他并不打算改，因为他把钱都去接济穷人了，自认问心无愧。今日山涛委婉说起，碍于情面，他不得不答应。

宴席已定，就得有饭菜。向秀灵机一动，忽然想到一个好办法。

盛夏的一天，向秀向同僚们发出邀请，笑着道："己巳日正午，我将在寒舍宴请诸位，希望届时光临。"

众人一惊，脸色大变。

数年来一毛不拔的人突然说要请客，搁谁谁也不敢置信。

当然，大家不会却他好意，纷纷答应一定去。

回到家里，向秀立即派人买了一车石虎苑种的勾鼻桃。浸在冰冷的泉水之中，只等宴请那日的到来。

已是盛夏，闷热无比。

这日晌午，山涛带着任恺、庾纯、张华、温颙、和峤等人前来赴宴。山涛询问向秀，为大家准备了什么好东西。

向秀笑道："说起这东西，大家虽然吃过，但不一定吃过这么特别的。"

山涛好奇道："究竟是什么好东西，拿出来瞧一瞧？"

向秀拍了拍手掌，侍从们每人抱着一块大如十斛笼的勾鼻桃走了过来，一一摆在众人面前。大家为实一惊，纷纷对望，从未见过如此硕大的桃子。

向秀道："这一个勾鼻桃重二斤半，大家可尽情享用，不够的话，门外的井中还冰着三大桶，可随时去取。"

庾纯不屑道："我说向大人，你就请我们就吃这东西，未免太寒酸了吧？"

向秀笑着摆了摆手道："寒不寒酸，要看怎么吃。"

张华冷笑道："不就是桃子吗，还能吃出山珍海味来？"

向秀看向他，表情很凝重地道："这还真能吃出来。我想诸位一定听说过蟠桃盛会的故事。我请诸位吃的勾鼻桃，正是一般人吃不到的仙桃。"

山涛深深冥想一瞬，自顾自道："老夫听闻，世上吃过仙桃的一共只有两位。一个是周穆王，一个是汉武帝。"

张华接过话来道："据说当年周穆王路过昆仑山，曾受到西王母的仙桃款待，还在瑶池饮酒赋诗，盘桓多日。后来，他再往昆仑山，竟找不到瑶池蟠桃园，只好悻悻而归。"

向秀笑道："不错。元封六年四月，汉武帝也曾与西王母相会，西王母送他四个蟠桃，汉武帝吃后只觉通体舒泰，齿根生香，就想着在皇宫里栽种。西王母却告诉他，中夏地薄，蟠桃种之不生。汉武帝没有办法，只好三番五次地派东方朔西上昆仑偷蟠桃。他还把吃过的桃核一一小心翼翼地收藏起来。"

山涛听罢，哈哈大笑起来道："这么说，向大人是学西王母，请我等吃一顿仙桃了？"

向秀也笑道："不错，这正是一次蟠桃宴盛会，一般人还真吃不到。再者说，即便西王母有蟠桃，个儿也没我这里的大。我这儿的勾鼻桃基本保证二斤，大的三斤，可顶十个仙桃。"

众人闻言，纷纷大笑起来。也不知，这笑是嘲笑还是无可奈何。

这场"蟠桃盛会"着实让向秀大火了一把。

自此而后，大家再也不愿去向府聚会，因为谁也不知道，下次吃到的又会是怎样奇奇怪怪的水果。

过了秋季，转眼已是寒冬。

这年，向秀已经四十三岁。年纪大的人，似乎做什么事都吃力。更何况他已经两鬓斑白，岁月早就提前抛弃了他。

寒冬腊月，他染了风寒，吃了多服药终不见好。

每当风雪将至，望着窗外徐徐而下的白花，他的心里就会涌出与生命告别的画面。

大儿子向纯和二儿子向悌整日守在他的身边，生怕他胡思乱想，就端茶送水，谈心说笑，伺候得很周到。妻子也来回忙碌，照顾周全，只期盼向秀的病能快些好转。

泰始八年（272），严冬。

寒风呼啸，冰刀割喉。

向秀终究是撑不下去了，他的面容蜡黄，形如枯槁，已是奄奄一息之壮。

临死前，他又一次看到那飞舞在天空的雪花，又一次听到呼啸不息的风声。

马上就要死了，他想到外面看一看雪。

向纯不允道："父亲，天寒地冻，对您身体不好。"

向悌也如是说。

向秀一直在摇头，即便咳嗽得说不出话，仍旧摇头。

向悌和向纯没有办法，只好搀扶着他走出院落，于黧黑的长夜之中驻足，看向那灿如白昼的世界。

雪花轻轻地飘，仿佛没有任何忧愁的孩童。

看到这一幕，向秀笑了，满是褶皱的唇角，轻轻勾起的笑。

他忽然想起司马相如的那句话，"必若欲长生而不死，虽济万世犹不足以喜"。人活一世，尚且累个半死，若是长生不老，岂不全是痛苦？

他又想起当年竹林之游，嵇康写了一篇《养生论》，他回以《难嵇叔夜养生论》一文。篇中，他这样写道："长生且犹无欢，况以短生守之邪？"

长生都没有快乐，这短短的生命，又怎会有快乐？

向秀看向那一眼望不穿的夜，对着漫天的雪花，大声喊出最后一句话："长生且犹无欢，况以短生守之邪？"

无尽沧桑的眸子，在他喊完最后一个字的时候，终于缓缓地闭上。

这一闭，永生不启。

山 涛

第四章／**忠厚本分人，也翻风云手**

第一节 不努力，永远都是蝼蚁

在大多数人印象里，人越忠厚越难做官。

原因无他，这就像一只猪混进猴群，即便天天有人喂食，也很难保证那只猪不会被饿死。

毕竟，猴太精，猪太蠢，正是这么个理。

早年的山涛很像那只混进猴群的猪，太过于忠厚，被人卖了还帮忙数钱的事没少干。

长大之后，见过人心诡诈，他才明白过来——忠厚本没有错，但不懂得在忠厚之下装糊涂，就是大错特错了。

建安十年（205），山涛出生于河内郡怀县。父亲山曜曾在宛句（朐）县担任过县令，只可惜英年早逝。

家道中落之后，幼年的山涛生活相当贫困。

古人常说：寒门出贵子。这并不是因为寒门开过光，好运都往那里钻，实在是只有身处寒门，才更懂得一个道理——不努力，永远都是蝼蚁。

年幼的山涛深深明白这个道理。

他耕读持家，刻苦自勉，决心依靠学识和品德步入仕途，开创一片属于自己的天地。

仰天发过誓的山涛，立即拉出一条长长的书单：《庄子》《老子》《诗经》《周易》《礼记》《中庸》《论语》……

只要能找到的书他都看，只要能看的书他就能背下来。

日复一日，年复一年，山涛已是博学之士，名传乡里，渐渐有了声望。

更何况，他的为人还很随和，做事也低调，深受人们的喜欢。然而，能力再强有什么用？没有伯乐和机遇，一样也是刚扒皮的荔枝，再新鲜也会烂。

如果山涛晚生个几百年，或许还能参加科举，但在那个门阀横行的时代，做官只能靠人举荐。举荐的选择可就多了——任人唯亲，收受贿赂，一叶障目，利益交换……

这么多选择，竟没有一个适合山涛。

山涛也很愁。

魏景初二年（238）的一个秋天。

秋高气爽，云白如雪。

山涛正在院子里的葡萄架下读书，一个中年人匆匆走了进来。此人是山涛的堂叔，经常过来闲话。今天他过来，又讲起十年来每天都重复的话，笑道："源儿啊，你都三十三了，老大不小，跟你一样大的都抱孙子了。哎呀，婚姻大事，不能儿戏。你打算什么时候成亲呀？"

山涛摇头读书道："书中多佳人，美者颜如玉。"

堂叔叹了口气，又道："好！你不急着成亲，总要找一份事做吧？古人云，三十而立呀！"

山涛又摇头读书道："书中多财富，可比黄金屋。"

堂叔无奈地坐了下来，自斟一杯茶小酌两口，才喃喃叹道："我帮你想好了，有机会，我去京城一趟，跟当朝太尉司马懿说一说，看看他能不能帮你寻个官做。"

山涛放下了书，不敢置信地问道："你还有这层关系？"

堂叔笑道："我当然不曾有，全拜祖上积德。"

山涛讶然道："这跟祖上有什么关系？"

堂叔解释道："司马懿的岳母，乃是你的从祖姑。"

山涛疑惑道："祖姑？还是从的？"

堂叔笑道："没错。"

山涛微微仰起头，掐算道："那我要好好算算。父亲，祖父，曾祖，高祖，这是我们家族这一支。嗯，高祖的亲兄弟叫叔伯高祖，叔伯高祖的儿子叫堂曾祖。堂曾祖再生一男一女，儿子叫从爷，女儿才叫从祖姑。这么算……"算罢，山涛大吃一惊道，"这么说，我跟这个从祖姑已经出五服了？"

堂叔仍旧很淡定地道："没错。"

山涛支吾道："这么复杂的关系，人家认吗？"

堂叔咧嘴笑道："这关系跟你复杂，跟我可不复杂，那是我亲姑。"

山涛才想起来，这个堂叔乃是他爷爷亲兄弟的儿子。算起关系，也已经三服了。

他无奈地笑笑，不知道怎么形容如此凌乱的思绪，就又拾起书来看，不走心地道："堂叔，您还是好好享享清福吧，我的事，您不必操心了。"

事实上，这个爱管闲事的堂叔真是为山涛操碎了心。

有一天，堂叔去温县看望老姑，正赶上司马懿也在家中做客。他没能忍住，笑着道："司马太尉呀，有一件事，我不知道当讲不当讲。"

司马懿正在品茶，漫不经心道："表哥说哪里话，都是一家人，有事不妨直言。"

堂叔叹道："哎呀，我有一个堂侄儿叫山涛，自幼熟读各种书籍，在咱们郡怀县呀，那也是出了名的才子。只可惜，咱们没有门路，终究是埋没了他。如果你能好好帮一把，我相信，以后定能与师、昭共理天下。"

司马懿轻轻放下茶盏，一笑置之。

堂叔顿了一下，又试探性地问道："不知，意下如何？"

司马懿连看也不看他，把玩着茶盏道："你们山家小门小户，怎么可能出这样的人才？"

堂叔没有想到，司马懿竟然会说出这样的话。他虽然窝了一肚子火，但是面上仍旧挂着尴尬的笑，道："是呀是呀，除了他父亲，山家这些年，确实没出几个像样的人才。"

没有地位的人，再怎么受气，也只能窝着。

堂叔纵然是司马懿的长辈，在权贵两个字面前，又能奈若何？所以，这场尴尬的会谈，最后只能以尴尬收场。

第二节 做个气度非凡的长者

纸包不住火，山涛终究还是知道了这件事。

他心里当然不好受，但出身贫寒的他，根本无力改变现状，只能更加刻苦自勉，勤奋读书，修身养性，希望有朝一日可以如姜尚那般遇到有德明君。

可是，死读书是行不通的。如果想要遇到伯乐，就必须先让伯乐知道自己是谁，有什么才能，人在何处？

换句话说，必须先扬名。

出名的方式有很多，最直接、最简单的方式就是——蹭热度。

魏晋时期最流行的文化是玄学，当时在全国各地开展了很多研究玄学的学术活动。不少人因为讲授玄学很成功，后来成为一朝之臣，有的则跻身名士、隐士的行列。

蹭玄学的热度，还是很容易提高名气的。

山涛坚定目标之后，更加刻苦勤学，研究老庄，磨炼坚强的意志。他没有走阮籍的路子，以标新立异的狂迈之风打造人设。

他仍旧是他。

忠厚大度，雅量高致，不出惊人之语，不做惊人之事，安分守己，温润如玉，大智若愚，俨然一派长者之风。

可是，世上的人有千千万万，每个都自认不凡。想要出名，若不搞点行为艺术是很难被发掘的。

这些小伎俩山涛都知道，但山涛不做。

他一根筋地在等机会。风里等，雨里也等。功夫不负有心人，他终于等来人生中最高光的时刻——终于有人请他为官。

正始四年（243）春。

三十八岁的山涛遇到了人生中的第一个伯乐，河内郡小小的县官，也就是郡长。

在郡长的引荐下，他有了官做，并借着这个翘板，非常努力地攀升，先后在河内担任辅佐郡长官的郡主簿，掌管郡内官吏的功曹，以及负责向朝廷汇报郡情的计上掾。

这么看，山涛的履历还算不错。当过种类较为丰富的官员，处理过不同类型的政务，具有扎实的基层基础，未来必然非常有前途。

事实上，他无论多努力，无论担任过多少官员，始终都没有离开过河内郡。

也就是，小小的县城。

别人见了，非常为山涛惋惜，觉得他是大材小用。山涛的心态却出奇的好，经常跟人说，冲不冲出小县城不重要，重要的是开心。然而，还有更重要的原因，他是真的冲不出去。

看清现实的山涛，开始了清闲自在的生活模式。

他勤勤恳恳地工作，不得罪一人，收获了良好的口碑。他还摸清了官场的游戏规则，认识了一些上级权力部门和权力人物。

公务之余，山涛还纵情于山水。

这期间，他发掘了向秀，并跟隐居山阳的大名士阮籍、嵇康结为好友，组织早期的竹林之游。不久，刘伶、王戎、阮咸等人也加入进来，竹林之游的规模逐渐加大。

七个人七种品性，自然有摩擦，也会产生矛盾。

于是，忠厚大度且年长的山涛，就成为七人的调解员。他的才情也许比不上阮籍、嵇康，也没有文章传世，但他精于世故，处事圆熟，大家都非常崇敬山涛。竹林七贤之一的王戎曾赞道："（山涛）如璞玉浑金，人皆钦其宝，莫知其器。"读罢，山涛形象呼之欲出，无疑是一位修养深厚、气度非凡的长者。

有了山涛的组织和协调，这段名传千古的竹林之游才得以延续，并断断续续坚持了十六年之久，真是不容易。

命运一旦青睐了一个人，有时会一直青睐下去。

俗语常说：喜鹊落头上，红运将至。

山涛的好运始于正始六年（245），那时他被河内郡举孝廉，终于冲出小县城，挤进州里。不久，他在州里做得也不错，又被破格选为从事，专管联络河内郡的事务。

这个州可不是一般的州，它的办公地点在洛阳。也就是说，山涛已经步入京城，算是半个京官了。

此年的山涛已成家，妻子韩氏勤劳能干，热心体贴，是他最坚实的臂膀。

可当官又能如何？只靠微薄的俸禄，根本过不上好日子。家徒四壁，举家食粥，忍饥挨饿，早就是常态。

山涛明白妻子的不容易，有时开玩笑道："哎呀，家呢，是穷了些，请你忍一忍，相信我，咱们的好日子不远了。将来，我一定会位列三公。"说到这里，他呵呵笑起来，看着韩氏温柔地道，"只是到时候呀，还不知道你能不能做个合格的夫人呢？"

韩氏眉眼荡开，也笑道："我也相信你，而且，我已经猜到你会是三公中的哪一公了。"

山涛有些惊讶道："依夫人之见，我会担任哪一公？"言罢，他又立即补充道，"这样，你别说，我来猜一猜。"

韩氏笑着点头。

山涛问道："司空？"

韩氏摇头。

山涛再问："司寇？"

韩氏还是摇头。

山涛笑着道："你是说我将来能做司徒？"

韩氏也笑道："没错。不过，你的发音不对，应该叫'四徒'，家徒四壁的'四徒'。"

山涛一怔，没有明白过来。

韩氏道："壁无家具，一徒；出门无车，二徒；下锅无米，三徒；睡觉无被，四徒。"

山涛哈哈大笑起来道："照夫人这么算，我当个五徒、六徒、七徒、八徒什么的，也是很容易的事嘛！"

韩氏也跟着他笑起来。

第三节　静下来，找回初心

韩氏的确是一个好妻子，至少在山涛生活中扮演者非常重要的角色。

她没什么爱好，基本上，山涛喜欢什么，她就喜欢什么。因而，山涛交什么朋友，她也是非常关心的。

有段时间，山涛和阮籍、嵇康两人来往甚密。经常相约喝酒，有时三人睡在同一张床榻，勾肩搭背，不拘礼数，实在不像话。当然，这些行为他不能让韩氏看到。

纸包不住火。

瞒过初一，也瞒不过十五。

不久，韩氏听到了一些风言风语。既然是风言风语，传出来的只会比真实夸张。

有人说山涛跟阮籍、嵇康的交往超出了一般朋友的范围。韩氏就在琢磨，三个男人在一块，一般朋友是怎样的，超出一般朋友又是怎样的？

设想了大半天，无解。

有人见她单纯，说得更加露骨——他仨经常在同一间屋子喝酒，喝到兴头上就脱衣，一丝不挂。喝醉了倒头便睡，勾肩搭背，互枕双臂，也一丝不挂。

这回韩氏明白了。

看来，他们的关系的确超出了一般朋友范围。

一日，韩氏笑着试探性地问道："相公呀，这个嵇康和阮籍究竟有什么好的，你居然和他们关系如此好？"

山涛听了，露出蜜汁般的笑意道："哎呀，这个世上的人有千千万万，可真正让我看上的没几个。眼下，他们就是我最知心的朋友了！"

韩氏笑道："既然他们如此出色，不如请至家中，让我好好看看如何？"

几日后，山涛果然请来阮籍和嵇康。为了欢迎他们第一次到家做客，韩氏特意备了美味佳肴，还端上几坛好酒。

朋友相聚，自然无话不谈。

韩氏也不打扰他们，除了送菜的时候进房间，基本上都在外面。

为了不让阮籍和嵇康离开，她还特别嘱咐山涛，一定要留他们在家过夜。至于她，则去了隔壁的房间，并在墙上挖了洞——偷窥。

于是，从日落到日出，整整一宿，两个房间里都没有消停，响起热闹的砰砰声。

那间屋在开心地饮酒，砰砰响起的是酒杯相碰声。

这间屋在认真地偷窥，砰砰响起的是撞墙止困声。

韩氏依靠额头不停地撞墙，总算熬过一个不眠的夜。

人们常说，只要努力终会有收获的。

然而，她的努力并没有收获。因为她发现三人从推杯换盏到自由说笑，再到伏桌而眠，呼呼天明，不存在任何越轨的举动。

这么说，她多想了？

次日中午，嵇康和阮籍要走，韩氏揉着惺忪的眼睛出门相送。山涛见妻子十分热诚，料想也很喜欢他们，就笑着问道："我这两个朋友如何？"

韩氏道："他们都很不错。"

山涛又问道："那我跟他们比，谁更胜一筹？"

韩氏笑了道："他们都很聪明、正直，非常有学问。在我看来，定是名副其实的名士无疑了。论才学，你确实比不上他们。"

山涛虽有些失落，但也深深叹息道："是啊，我也察觉到了。"

韩氏看向他，又笑道："不过，若论胸怀、气度，他们也许要略逊你一筹。所以，今后你还是用宽广的胸怀和他们交往吧。"

山涛暖暖笑起来道："是啊，他们也总觉得我的气度胜过他们呀！"

有气度，有眼力，有远见，再披上一件忠厚的外衣，任凭是谁，只怕都能在风云变幻的政局占有一席之地。山涛不仅占有一席之地，他甚至左右逢源，游刃有余，应付裕如。

正始八年（247），司马懿跟曹爽的争斗已近白热化。

山涛久耕官场，早预料到会有大事发生，他心头忧虑，迟迟想不出策略。

一日，他跟石鉴共宿，二人聊着聊着就睡过去了。山涛起夜的时候，见石鉴打呼噜，遂一脚把他踢醒，呵斥道："这都什么时候了，你还有心思睡觉！"

石鉴迷迷糊糊地道："大半夜不睡觉干什么！"

山涛想了想，才道："如今太傅称病卧床，只怕另有心思。你觉得，他在想什么？"

石鉴叹道："唉，这有什么。宰相还多次不上朝呢，依我看，丢他个尺把长的诏书让他滚回家就是了，你操这份心干什么。"

山涛摇头道："咄！你的心可真大，我且告诉你，山中积云，必降大雨。你常在马蹄间，千万不能来回奔走啊。"

劝慰石鉴的一席话，其实也是山涛心中所想。

这几年间，他的官运亨通，一路扶摇直上，是好事，更是坏事。

山涛非常清醒：一着不慎，满盘皆输。

今日地位，并不是那个表侄司马懿的提携，而是受到了曹魏政权的赏识。今时，两大集团针锋相对，明争暗斗，前途实难预料。如此看，身处极地的他，随时有丧命的风险。

思索再三，山涛大手一扬，潇洒地弃官而去。他回了家乡，前往郁郁葱葱的竹林，欢欢喜喜地重聚在诸友的身边。

山涛的判断是正确的。

因为就在两年之后，一场血雨腥风的政变果然发生了。

第四节 左右逢源

嘉平元年（249）春，正月。

野心勃勃的司马懿长剑一指，发动了震惊千古的高平陵政变。他不仅彻底将曹爽政权一举瓦解，甚至将曹爽及其党羽何晏、桓范等人夷平三族……

血雨腥风过后，又是一片祥和。

可这是一片已改朝换代后的祥和——司马氏集团完全攫取了曹魏政权，曹魏名存实亡。

山涛长吁一口气，仰望山河，额手称庆。

原来，退一步的确海阔天空。

山涛再度返回京城洛阳，但他没有去找春风得意的司马懿，而是去投奔比他小三岁的大表弟——卫将军司马师。

见到司马师，山涛也不说做官的事，只是没完没了地重复提及他的从祖姑是山氏，山氏的女儿张春华是司马懿的夫人，他们虽然出了五服，但依然亲密无间，都是一家人。

司马师当然清楚他心里的想法，便笑着直言道："怎么，当代的吕望想做官了？"

山涛扬扬手笑道："吕望不敢当，在下山涛。"

司马师呵呵笑道："行啦，自家人，别拐弯抹角。这样吧，我直接提拔你容易授人以柄，就让司隶校尉举你为茂才，授任郎中，可好？"

山涛忠厚地称谢道："司马大人真是太客气了。"

重回政坛，山涛又拾起当年雄风。他游刃有余地处理着大大小小的政务，不久便转任骠骑将军王昶的从事中郎。

工作上稳定了，生活上也渐渐有了起色。阮籍和嵇康也来到洛阳任官，他们又可以相约聚会，大谈玄学了，真是一桩好事。

山涛的做人原则就八个大字——贵不易交，富不易妻。

热心忠厚的他，见到朋友有难，怎能不想办法帮一帮？

阮籍有司马昭护着，现在有酒喝、有肉吃，时不时还发一发疯，自由自在，他不用帮。倒是嵇康，如今没了曹魏政权的庇佑，已是强弩之鸟。

嵇康这个人，硬得像一块钢铁，那应该怎么帮呢？

景元元年（260），山涛又升官了，由吏部郎转任散骑常侍。他觉得这是个机会，就举荐嵇康接任自己的职务。司马昭也很看好嵇康，拍板同意。

他俩是聊嗨了，可问过嵇康没有？

嵇康不仅不领情，甚至非常恼怒，当即写下一篇《与山巨源绝交书》。

·

这件事后，他们三年再也没有见过面。山涛心里很委屈，常常想："我好好地举你个官做，不同意就不同意，犯不着断绝关系吧？唉……"

好朋友就是好朋友。

没有什么事能割断他们的友谊，哪怕是生与死。

嵇康临刑前，曾对八岁的儿子嵇绍说道："我虽赴死，但你有山伯在，将来不会孤独，他会照顾你的。"

嵇绍很不明白道："你们都已经恩断义绝，他为什么照顾我？"

嵇康很从容地笑道："恩断义绝是你们看到的，我们三年不见也是你们看到的，而我们看到的只有四个字——至死不渝。"

果然，最了解山涛的是嵇康，最了解嵇康的也是山涛。

十年后，当嵇绍已经成为魁梧男儿，山涛毫不犹豫地向晋武帝司马炎举荐道："嵇绍平简温敏，有文思，又晓音，乃是可造之才。"

司马炎很信任山涛，就问道："依你之见，当让嵇绍任什么职位？"

山涛道："可担秘书丞之位。"

司马炎应允，嵇绍从此走上光明的仕途，历任汝阴太守、尚书左仆射、平西将军等职务，后来官至侍中，位列三公。

荒唐的事永远让人荒唐得无法预料。

山涛去世后的第二十一年，即永安六年（304）。时值"八王之乱"，河间王司马颙、成都王司马颖起兵直驱京都，天下动乱。

大敌临近，晋惠帝如田间野鼠，仓皇而逃。及至荡阴，不幸被成都王司马颖的军队围堵。

刀光剑影，血流成河。

一片厮杀之中，文武百官全部逃窜。只有时任侍中的嵇绍手握长刀，杀出重围，大义凛然地护在晋惠帝司马衷的跟前。

一时间，飞箭雨集，嵇绍身中百箭，不治而亡，鲜血溅了司马衷一身。

司马衷活了下来。

事后，侍从打算帮他浣洗衣服，司马衷却悲痛地道："此乃嵇侍中的血迹，勿要除去，我要好好珍藏。"

如此感人的故事，如果没有发生嵇康被诛的事实，也许会永载史册吧？

但历史讽刺就讽刺在，嵇康被司马昭残忍杀害，他的儿子嵇绍却为了保护司马昭的孙子司马衷这个白痴皇帝，血溅沙场，留下忠君的美名。

倘若山涛预感到这一切，也许就不会引荐嵇绍入仕了吧？

第五节 选择立场很重要

立世子是一个大问题，站不好队，将来必然有飞来横祸。

一日下午，司马昭留下山涛、裴秀、何曾等心腹，忧心忡忡地说起立世子的问题。只听司马昭道："哎呀，吾有九子，按理说，世子当立嫡长子，也就是炎儿。"

说起司马炎，司马昭很是犹豫道："炎儿虽然宅心仁厚，深沉有肚量，但是终究不像年轻时候的吾。桃符（司马攸的乳名）就不同了……"

裴秀立马明白他的意思，道："这么说，将军想立次嫡子（司马攸）为世子？"

司马昭叹道："是呀，吾常跟你们说，这个宝座将来必是桃符的。那是因为，桃符清和平允，亲贤好施，爱读经籍，也擅属文，很有吾当年的风范呀！"

山涛劝道："可是，立次嫡子为世子，不符礼法呀！"

司马昭想了想，才道："这也不难。只要吾将桃符过继给兄长（司马师），成为兄长法定继承者，即可名正言顺接任世子之位。毕竟，吾这一身的权位就是继承兄长的。"

众人倒吸一口冷气。

对于司马昭的提议，大家纷纷感受到前所未有的压力。

山涛见无人敢说话，就据理力争道："自古以来，废长立幼乃乱取之道。立世子关系国运，我以为不可草率，当遵古礼法行事。"

山涛的话简单有力。

他很聪明，他不直接说废谁立谁，而是从儒家嫡长子继承制入手，有理有据，无可辩驳。一席话后，众人也纷纷表态支持。

司马昭从政治上进行过一番分析，也觉得山涛言之有理，就接受了他的意见。

在这场政权游戏中，司马炎是最大的赢家。当得知他被立为世子是山涛从中斡旋后，非常感激，亲自到山涛家拜谢。

山涛没有立即献上殷勤，也没有任何居功自傲的姿态。

他只是很憨厚地笑道："废长立幼，有违礼法，不祥。即便你不是长子，我也会坚持到底。"一番话，既展现了山涛的为官原则和情商，也让司马炎对他非常信任，为日后两人的和睦共处埋下伏笔。

咸熙二年（265）八月，司马昭病逝，时年五十五岁。

十二月，寒风刺骨，飞雪如刀。

司马炎的手腕就像这严寒的天气，只花了几个月时间，就将曹魏的末代皇帝曹奂赶下台，自己当上了西晋的开国皇帝。

历史总是惊人地相似。

四十五年前，曹丕在繁阳逼宫，让刘协"禅让"。

　　四十五年后，司马炎在洛阳逼宫，也让曹奂"禅让"。

　　谁也不知道，曹操、曹丕的在天之灵看到这一幕，究竟作何感想。但从司马炎的手段来看，他只会比司马昭更狠，也更加出色。

　　当上皇帝后，司马炎没有忘记山涛的恩情，即刻下诏封他为大鸿胪、尚书等职，加奉车都尉，晋爵新沓伯，俸禄由一千石猛增为两千石。

　　身负重任之后，自然事务也多起来。

　　事多不可怕，可怕的是如何平衡各个派系的关系，又能给自己留一条退路。如果一着不慎，得罪了不该得罪的人，即便山涛有司马炎撑腰，只怕也会引来杀人之祸。

　　这日，好友裴秀忽然匆匆来找山涛，正是遇到了一件棘手的事。

　　裴秀很是焦虑地道："大人，这些年来，若非你的帮助，只怕我早就死在别人的屠刀之下了。当年，钟会要害我，你从中协调，化解了矛盾。后来，羊祜的手下要害我，也是你从中斡旋，才捡回一命。此生，我无以为报。"

　　山涛心平气和道："你我关系，何必言谢。"

　　裴秀摇头叹息，终究没有说明来意。也许，他是不忍再麻烦山涛。

　　山涛却猜出他的疑虑，问道："你是不是在为羊祜的事担忧？"

　　裴秀道："是啊。"

　　山涛分析道："羊祜是九代公卿的名门世家，也是汉末蔡邕的外孙，还是景王（司马师）之妻羊徽瑜的亲兄。这些关系，足以让他站稳朝堂。更何况，他本人也文武双全，清廉正直，官居中将军，又加封散骑常侍统领禁军，深得陛下赏识。"

　　听完山涛的夸赞，裴秀的忧虑更重了。

　　山涛看向裴秀笑道："裴老弟更优，以千古博学著《禹贡地域图》一书，名播四海。在陛下初创天下之际,运筹帷幄,立下汗马功劳,而今位列三公,乃是我等名士派的领袖。"

裴秀摇了摇头,仍是忧心。

山涛笑道:"按理说,你们两人井水不犯河水,不该结怨。只可惜,一山难容二虎,你的出色恰恰让羊祜分外担忧。他要除掉你,只怕早已酝酿很久。"

裴秀这才说道:"是啊,以前我也感受到了,但觉得只要退后一步,羊祜没有把柄,也不能拿我怎么着。可是,最近发生了两件事,每一件事都有可能成为羊祜的说辞。"

山涛不言,听他说。

裴秀道:"其一,安远都护军贺翔的密信被查,信中鼓吹与我关系亲密,被人告发;其二,骑都尉刘尚以我的名义霸占官方稻田,也被人告发。"

良久,他叹了口气道:"现在,司隶校尉李憙复已上表弹劾我,提出要罢我官,撤我职,还要求立即逮捕法办!"

山涛听完,也深深感受到裴秀的危机。这个时候,羊祜只要轻轻掷下一词,必然可以摧毁裴秀。朋友有难,他不能见死不救。

这次,山涛拍案而起,一反往常的平和中庸,竟旗帜鲜明地站到裴秀的这一边。

结果当然是山涛胜了。

裴秀因祸得福,还被提拔为最高军政的负责人之一。

可是,羊祜不会善罢甘休。他突然意识到,裴秀对自己威胁再大,也不如山涛。他已经暗暗把矛盾转移到山涛身上,只要时机一到,必然敲山震虎。

第六节 用不完的好运气

泰始五年（269），羊祜终于找到机会向山涛下手。

他的方法很特别，不是害人，而是帮人。

羊祜利用手中的人事安排大权向司马炎谏言，如今地方治理严峻，朝中无人可担大任，只有像山涛这样级别的高级官员去了才能独当一面。

司马炎想不出更好的办法，只好点头同意。

很快，山涛被任命为冀州刺史，并特地加封为宁远将军。他不能拒绝，也没有任何理由拒绝，君让臣死，臣不得不死，便是这个理。

羊祜的计策还算高明。

面上看是升山涛的官，实则是将他排挤出朝堂，发配到边远的冀州任刺史去了。

山涛远走之后，最开心的当然是羊祜。他常年征战疆场，比谁都清楚，冀州乃是一个是非之地。手下不懂羊祜的打算，就问道："您为何不设计除掉他，非要将他赶到冀州去？"

羊祜笑道："阴谋诡计，我不屑玩之。不过，山涛这根眼中钉，还必须想办法拔掉。"

手下更加糊涂了，又道："既不玩手段，又要除掉他，这要怎么办呢？"

羊祜意味深长地道："很简单。将一匹马丢进沙漠，能不能活下来，就要看它的造化了。我相信，有本事的人就有方法。"

手下仍旧费解道："可是，他如果活下来，只怕对将军不利。"

羊祜慨然道："所谓英雄惜英雄。蔺相如和廉颇，诸葛亮和周瑜，都是这层关系。政治上我们也许是敌人，但有时又可以是朋友。无论将来发生任何事，活下来的那个人，我们都会彼此尊重。"

手下点了点头，终于明白其中深意。

羊祜看向冀州的地方，悠悠地说道："冀州地接燕代，乃是中原直面北方的门户，通向西方的咽喉，历来是兵家必争之地。那里风俗浇薄，民风剽悍，尚武好斗，矛盾易发，问题多得是。山涛去那里当刺史，真像是个慷慨悲歌之士。"

羊祜说得一点也没错。他提到的那些问题，山涛都遇到了。

上任伊始，山涛就大刀阔斧地改革。

他轻车简从，深入山林，广施教化，劝导农桑，主动走访了大大小小上百个村寨，既去了解民生疾苦，又寻找被埋没的有才之士。

经过努力，他前后表彰和征召了三十多位德才兼备的人，并且授予他们官职和荣誉，人尽其才，共同来管理冀州。

一年后，冀州农业发展迅速，治安秩序很是安稳，社会风气也焕然一新。山涛成了冀州的恩人，上上下下，一片赞扬之声。

泰始六年（270），山涛在冀州的任期还未满，就被擢升为北中郎将，职责是镇守邺城。换句话说，他依然发配边境，还是不能回京师。

也许，这仍是羊祜的主意。

山涛实在太出色，根本找不到任何的劣迹。所以，羊祜寻找他把柄的方式就成了给他升官。飞得越高，诱惑越大，摔得也就越重。

山涛已至邺城。

此刻，他正站在邺城的一座高高的山巅上，抬头是星月银河，低头是万家灯火。他的心情很复杂，因为这是他第三次来邺城了。

邺城早年是曹操的封地，政治地位非同一般，与洛阳、谯郡、许昌、长安并称为五都，直属朝廷管辖。

六年前，司马昭奉命西征，因对聚集在邺城的曹魏残余势力很不放心，就让山涛以从事中郎的身份，率领五百亲兵过来镇守。

五年前，司马炎让曹奂"禅让"，自己做了西晋的皇帝。为了展现大晋朝的仁义德政，他诏封曹奂为陈留王，邑万户，赶至邺城王宫颐养天年。于是，大鸿胪的山涛就接到重任，护送亡国之君曹奂等曹魏旧臣迁居邺城。

这是一件很棘手的差事。

既要彰显出司马炎的优抚政策，又要一路把握好分寸，必须风风光光地把曹奂送出去，不能让他感觉到耻辱。

当然，山涛还必须注意两件事：其一，曹奂自杀；其二，别人谋杀，嫁祸司马炎。出现任何一个纰漏，山涛都万死难辞。

所以，他非常小心，一路安排得井井有条，事必躬亲。

到达邺城之后，他还亲自过问曹奂等人的起居饮食，逐一指导，不仅赢得从军将士们的喜欢，甚至还得到曹奂等曹魏王族的称赞。

这真是一个奇迹。

要知道，在两个复杂集团的争斗中，几乎所有人的做法都是顾此失彼。山涛不同，他竟得到两个集团的一致认可，实在不可思议。

第三次来邺城，便是这一次了。

山涛从过往中回过神，遥望星河，兀自感叹道："邺城地处中原，距离吴地较远，军事防御不在重点。眼下，最棘手的却是那些曹魏王室成员，对他们进行军政管理，绝非易事。我想，这也是陛下派我前来的重要原因之一吧。"

昔日，司马炎刚刚坐上帝位，对失败者的优待还比较多。比如，允许曹奂继续使用天子旌旗，保留曹魏的正朔和祭祀仪式等，上书可不必称臣……时日久了，司马炎已不再需要做面子工程，就于泰始二年（266）撤去了这些优待。

想到这里，山涛负手自言道："陛下夺去他们的祖业，又一一去掉曹魏王室的优待，自然会对王室遗老遗少们很不放心。除了担心他们有小动作之外，只怕更加担心其他政治势力与之勾结，意图叛乱。"

山涛想罢，沉思良久，立即投入任务之中。

他长袖善舞，根据城中的境况，采取外松内紧的策略。

表面上看，他对曹奂礼仪有加，不行任何的莽撞之举。暗地里，他又严密监控，绝不放过一点蛛丝马迹。

当然，武力也要准备。他悄悄厉兵秣马，目的便是，一旦遗老遗少们有不轨举动，当即诛杀在摇篮之中。

战战兢兢，又过了一年。

泰始七年（271），山涛因表现出色，又被司马炎调回京城洛阳，擢升侍中，位比三公。此后又擢升为尚书，也算因祸得福。

第七节 辞不掉的官

从邺城回到洛阳之后，司马炎对山涛似乎格外信任，手心手背都像托着一个水晶球。因而，山涛就像坐上了风筝，一路高升，官运亨通，显赫一时。

这个时候，一场意外发生了。

山涛母亲身染重病，岌岌可危。为了归乡照顾年迈的母亲，年近七十的山涛一连十几次上疏，强烈要求辞职。

一国重臣，忽然要走，司马炎怎么可能同意？遂特下诏书安慰道："山少傅呀，你的官职不需要夜以继日地工作，天天应酬，你也完全可以挤出时间回去，端茶送水，侍奉汤药。"

千里之外，往来奔波，恐怕只有司马炎才能想出来，也许司马炎根本就不想让山涛回去。只动动嘴皮当然不厚道，还应该下点血本。

于是，司马炎又以山涛清贫俭约，无法供养家人为由，特别供给每日膳食，加赐床单被褥，礼遇厚重，当时无人能比得过他。

可赏赐再多有什么用？他要回家照顾老母亲啊！

誓不罢休的山涛，又一次上表请辞——驳回。

再上表——再驳回。

继续上表——继续驳回。

……

一个是眼含热泪不停写辞呈的山涛，一个是很认真地写答复信，但绝不同意的司马炎。

君臣二人，每日的交流全成了这样：一个送信，一个回信。

来回数十次后，司马炎也许厌烦了，只好勉强答应下来。当然，放山涛回乡之前，还特意授予他议郎衔回府邸。

司马炎对山涛是真的不薄。

一个当朝皇帝，不厌其烦地劝慰一个年近七十的老臣留任，放在哪个时代都很少见。所以，在照顾母亲的这段时间里，山涛偶尔也回京述职，但多半时间都留在家乡。

三年后，山涛母亲因病去世。

已过七十的山涛万分悲痛，夜夜以泪洗面，守丧也超过了常礼。

萧萧落木，黄昏凄惨。他以老态龙钟之躯，亲自举起铁锹，一下一下地掘坟。

再佝偻着身子，一箩筐一箩筐地背土堆坟。

他不需要任何的帮助，他就想用这种方式，一点一滴地回馈母亲此生的养育之恩。

坟堆起来了，碑也竖起来了。可是，风云倾覆，时间久了，他忘记母亲的坟茔怎么办？或者，母亲一个人寂寞，没有人陪又该怎么办？

他亲自在石碑两旁种下树，一棵是松，一棵是柏。

松柏如儿女，遮风又挡雨。

他在石碑前磕了三个头，再站起来时，赤红的云霞洒过来，见那张饱经风霜、皱纹丛生的脸上，已然泪水如瀑，再也睁不开了。

原本，他想好好在家守丧，按照旧礼，至少要守三年。

可三年之期未满，司马炎又迫不及待地征召他回京述职了。司马炎让山涛担任选官之职，将如此国家重职交给他，也可见非常信任。

毕竟，选官为一国之本，官选不好，国也很难治好。

然而，山涛的内心其实是比较崩溃的。

原因无他。

一旦涉及官员选拔，必然绕不开三方势力——第一方是自己，第二方是当朝官员，第三方是司马炎。

他自己好说，经过层层考察和调研，所选官员比较可靠。

当朝官员就难说了，可能会举用贤良，但也很难排除裙带关系、利益互往。

至于手握大权、万万人之上的司马炎，选官就更加任性了。一切能靠主观印象断定的标准，皆成为他的选官条件。

于是乎，这种帝王钦定的官员中难保没有杂质。

裴秀早在几年前就对山涛表示过担忧，曾说道："在选官这一方面，你的确比很多人用功。平时无事，经过对官员考核筛选，详细记录在案，以作举荐、甄拔的对象。功夫下在平时，这确实是个好方法。"

然而，裴秀的担忧不在于考核。

他深深叹道："为了选官公平，你根据各种空缺的职位，拟定合适的候选人名单，再一人一题予以评价，此乃'题目'，本是很好的计策。然而，我想你之所以这么做，只怕另有隐情吧？"

山涛很好奇地看向他，笑问道："什么隐情？"

裴秀很自然地道："你这么做是想探路。换句话说，你会根据形势的变化，以及所揣摩出的陛下心思，灵活变动，由一人一题改几人一题，也就是让几个人同时候补一个职位。如此一来，官员选拔的主动权和裁决权，就全都落到了陛下手中。"

山涛苦笑着摇了摇头，不知何意。

裴秀叹道："这种将'题目'改作几人一题后，的确很省心，也的确减少了你与陛下之间的摩擦。可是，如此一来，官员就全成了陛下所选，这往往会跟众臣意见相左。大家不敢对陛下生疑，而你就成了众矢之的。"

山涛缓缓笑起来，良久之后才叹道："你说的没错，这确实是我心中所虑。"

裴秀无奈地道："如果想要化解困境，这解药，还是在陛下手中呀！"

所谓解药，其实就是司马炎的一纸文书。

在文书下达之前，山涛真成了官员们争相攻讦的目标，找碴的、撒气的、抬杠的、没事找事的……一应俱全。

司马炎心里也愧疚，明明是山涛给自己顶罪，官员们却一股脑地骂山涛。

骂在山涛身，痛在司马炎心。有几个成语特别适合这件事——指桑骂槐，借题发挥，意在言外，含沙射影……

总之，司马炎忍无可忍之后，果断地写下一卷文书，告诫山涛道："自古以来，选人标准便是才，只有唯才是举，才是用人之道。另外，千万也不要遗忘那些疏远单贱之人。如此，才能使教化遍行天下。"

山涛俯首跪拜，山呼陛下圣明。

有了这纸文书，再加上山涛秉公办事，尽职尽责，众人才看到此法选官的妙处。一年后，满朝文武不再生疑，也不再公然反击，而众人对山涛本人亦是钦佩之至。

后来，山涛所举荐上奏的人物，列名成册，当时称之为《山公启事》。

识人才难，用人才难，驾驭人才难上加难。故而，只有驾驭人才者才是超级人才。

山涛就是这样的超级人才。

那个时候，经山涛选拔的官吏，上到朝廷，下至地级，几乎都是人尽其才，皆可胜任。

当然，杂质也是有的。

司马炎就看上一个"杂质"，非要投入山涛所选官员的这片清水之中。山涛自然不允，强烈反对。

司马炎却说道："山少傅请放心，吾已考察过。陆亮此人，必然清洁如水，干净如雪，绝不会出任何纰漏的。"

然而，上任不久，陆亮就回了司马炎一记响亮的耳光——贪污受贿。

司马炎觉得很丢人，面上无光，当即撤了他的职。

第八节 睡在历史里的人

也许人在高处，只能感受到天上的寒，实在不知道，地下的冰究竟有多刺骨。司马炎只要认定的事总觉得是对的，无论谁劝慰，也不可更改。

不知为何，司马炎就是觉得山涛好，看哪里都好。

此后十余年，山涛仍旧孜孜不倦地写辞职信，司马炎则不厌其烦地升他的职。

辞职变升职，这绝非常人可想。

山涛的对策也很人性化——司马炎升便是，他辞不掉，就拒不赴任。

后来，山涛实在是扛不住升官的压力，一怒之下，也不戴乌纱帽，也不穿朝靴，光着脚丫子，捧着印绶，脚步沉稳地走上大殿——请求辞职。

司马炎见了，又气又笑，但还是绝不同意。

山涛不停地汇报自己的缺点，司马炎就反讽似的化丑为美，竟让人找不出一丝的破绽。昔日严肃冷峻的朝堂，忽然成了君臣之间的唱和，听得众官员一愣一愣的，着实有趣。

当然，这期间山涛直言敢谏，不唯上是听，也提出很多有益国家的策略。

咸宁三年（277），司马炎平定东吴之后，因担心地方势力掌握军队之后，对国家政权存在危害。于是，他主持制定了偃武修文的国策，还在讲武场上以"讲武"的名义宣布裁军，并提出以教化仁义治国。

一国若不强军，他日必遭祸乱。

山涛深知隐患重重，当即联合朝官一起游说司马炎，他甚至以孙武、吴起用兵为例子，深刻阐述了居国者不忘战，忘战而必危的道理。

谁知，那日的满朝文武全都变成"小迷弟"，整齐地笑，整齐地点头，整齐地夸赞。司马炎也笑着鼓掌称赞道："山少傅所言，真乃至理名言呀！"

可是，笑完之后，司马炎仍旧坚持裁军，果然是心表不一。为此，他还制定了具体的方案：大的州郡设武吏一百人，小的州郡五十人。

山涛觉得很可悲，

他拂袖扬长而去，即将八十的身躯，在这可笑的世界里，显得那么沉重。

十几年之后，山涛的忧虑都成了真。八王为争权夺利，相互碾压，血流成河；各地百姓揭竿而起，杀伐不断……

这一切，皆因各郡国没有武备，不可抗战，无能为力。

忧心忧国的山涛，眼见悠悠盛世不日又要变得满目疮痍，杀伐不绝，他时常夜不能寐，焦虑深深。只怪他老残之身，无力逆天，实大悲！

那几年，山涛升官就如同换衣服，几乎一日一个样：尚书，右仆射，转太子少傅，加散骑常侍，加侍中，领吏部……

山涛很累了。

他的累不只是身兼数职，他更累，这满目天下，纵然想为之效力，可心有余而力不足了。

太康三年（282）十二月。

冬寒料峭，大雪如盖。

司马炎再次在一呼而万人跪的朝堂升山涛的职，要他再度担任司徒。

上次担任司徒，已是五年前的事了，那时他刚刚七十岁，尚有精力。如今已近八十岁，连走路都蹒跚无力，如何再任官？

更何况，朝堂就是一潭死水。

他这条不甘寂寞的鱼，哪还有机会如王濬那般策马疆场？

他心如枯井，决定再次辞职。他要回河内郡怀县养老，一刻也不愿等下去了。

司马炎自然是不答应，下诏答复道："你年迈而德高望重，是朝中元老，因而授给台辅之位，但你崇尚谦让之远名，反复推辞，令朕心中忧虑。你应该坚持始终，全心辅助朕呀！"

司马炎以为别人都像他一样会演戏，众大臣推着他去当皇帝，他就是以能力不济为由，各种推托。就连曹魏末代皇帝曹奂推着他去，他也不去，满脸的不好意思。

只等别人推无可推的时候，他才"勉强"做了皇帝，并信誓旦旦地说出一句句冠冕堂皇的话，愿为国家奉献一生。

好面子和虚伪是司马炎的本色，但不是山涛。

山涛又一次发自肺腑地上表道："臣侍奉天朝三十余年，对德政教化无毫厘功效。陛下私心爱臣不已，枉授三司之任。臣听说德行薄陋而位高，力量少而责任重，这样上有败坏国运之灾，下有损害家庙祖宗之咎。真诚希望陛下能念在累世君臣之恩，乞求骸骨以归故里。"

人活一世，老来只希望埋身故乡，总该考虑吧？

司马炎却下诏拒绝道："你辅佐朝政，保护治理皇家，匡扶之功，天下无二，为朕所依赖。司徒之职，实掌国家教化，因而敬授予你，以满足群臣百姓的期望，怎能只顾谦让而贬低自己呢！"

司马炎是真的生气了，下令不准再让山涛上章辞职。

山涛无奈，却也无力再执拗。他很老了，迈不动步子了，疾病一来，如阵风把他吹倒。

他病得厉害，平日只能卧床在家，又如何能做官？

可是，仍旧有使者过来，甚至还把升官的印绶交给他。山涛咳嗽数声，气息微微地道："将死之人，如何能玷污官府？"

年轻时，他带着满腔的抱负来到京城，希望有一番大作为。

年老了，他只能带着老态躯体及一身的病回去，只希望葬在故里。

太康四年（283），深秋。

山涛如愿回到故里。

他一生清贫，即便当上一人之下万人之上的高官，依然过着普通住户的生活。如今，他就斜倚在破旧的床榻上。

轻咳，等死。

外面乌鸦嘎嘎地叫，冷峭的秋叶一片片从树上剥落。

风带来了寒。

寒送走了风。

世间万物，只要经历四季，就能享受轮回在世。

可是，他应该不会再生了吧？

更何况，再生于他而言的意义又是什么呢？

每个人死之前多多少少都有遗憾，噎下那呼不出的怨愤，生生埋进了悲凉的大地。他没有遗憾，他该得到的都得到了，该帮的人也都帮了，该尽力的都尽力了……

可谁能告诉他，即将离开这个世界了，为何心里仍旧有说不出的哀叹呢？

是不舍还是不甘？

他无从知晓。

直到他最后一丝力气撑不住眼皮，最后一口气呼不出来，终究还是化风而去了……

享年七十九岁。

司马炎下诏赐棺木朝服各一具、衣一套、钱五十万、布百匹，以供丧事之用，策命追赠司徒的蜡印紫绶、侍中的貂蝉，以及新沓伯的蜡印青朱绶，以太牢礼仪祭祀，赐谥号"康"。

即将下葬，司马炎仍旧不舍这位老臣。

万分悲痛之下，他又赐钱四十万、布百匹。司徒左长史范暑等上奏说："山涛一生清贫，子孙众多，但宅邸极少，有时为了争住所还吵闹。陛下赐予这么多东西，只怕他家里装不下。"

司马炎听罢，仰天而悲，深为惋惜，当即命人给山涛修建宅院。

这一切，山涛都不知道了。

他永远沉睡在历史的烟波里，是非功过，全凭后人说。

刘伶

第五章／好酒不怕醉，长眠三千年

第一节　我行我素

刘伶应该是竹林七贤之中的一朵奇葩。

古代的奇葩是褒义词，指生得美丽妖冶的花朵。多用来比喻人，个性十足，不落世俗。

在本文中，取今意。

当然，今意也不全是贬，至少除了他的样貌和身高以外，其他超出正常人想象的举动，还可以理解成一种天性的释放。

刘伶有三大特色：身长六尺，容貌丑陋，好酒贪杯。

六尺有多高？

在魏晋之时，一尺等于今天的 24.12 厘米，那么六尺，也就只有一米四多。

个子不高，长得丑陋，还是个酒鬼，只怕很难引起人们的注意。

事实上，历史上对他的记载还真不多。现有资料可查的是，魏黄初二年（221），刘伶出生于沛国。除此之外，他的父母、兄弟、姐妹等，一概不知。

颜值低虽然不会要了一个人的命，但经常受人鄙视，心态再好的人也有崩溃的时候。

长大后的刘伶就有了这样的困惑。最开始他还能报以热情，真诚待人，但发现大家的嘲笑和鄙视也是真诚的，他就渐渐失去了耐心。

他变得沉默寡言，对任何人事都失去了兴趣。

他唯一的朋友就只有酒，也许只有酒才不会嫌弃他丑，不会吐槽他个子矮，不会让他难堪。

刘伶一生的故事都跟酒有关。

一日，有位朋友到刘伶家来，也许是有急事，便推门而入，忘记了敲门。眼前的一幕，这位朋友一辈子也忘不掉。

刘伶全身赤裸，正躺在床上喝酒。

好在朋友是位男士，不然怕是一块石头就丢过去了。

朋友又羞又恼地道："大白天，你怎么什么也不穿，就躺在床上喝酒？"

刘伶笑道："我在自己家，又没有出去，为何不能这样？"

朋友还是很生气地道："自己家也不行，这关乎伦理道德问题。"

刘伶哈哈大笑，又喝了一口酒，笑道："我以天地为栋宇，屋室为裈衣，你为何入我的裈中来呢？"

这明显说，屋子就是我的裤子，你为何钻我裤裆。

朋友听罢非常生气，也不问他急事了，转身扬长而去。

刘伶只是笑笑，仍旧喝他的酒。

当然，刘伶的脑袋还是非常正常的，出门在外，总要穿上衣服，哪怕衣着邋遢也无妨。除了酒之外，刘伶还喜欢带上一架鹿车，以及推鹿车的陪酒童。

刘伶也不坐在鹿车上，而是一边举着葫芦喝酒，一边在前面引路。

鹿车里空空如也，只放着一把荷锸（铁锹）。

见了的人很好奇，问他道："有鹿车不坐，你找人推着作甚？"

刘伶摇了摇酒葫芦，咕咚咕咚喝了几口，才说道："鹿车不是用来坐的，而是用来埋我。"

那人大惊失色道："此话何意？"

刘伶爽快地笑道："我爱饮酒，世人皆知。万一哪天我因喝酒醉死路上，就要有人把我当场埋了。"

那人无奈地笑道："既然知道喝酒容易猝死，你为何不能戒掉呢？"

刘伶不屑看他，道："刘伶一生无酒，又何德何能称为刘伶？"

长袍一甩，随风而去。

第二节 戒酒有点难

别人反感刘伶喝酒，不过是一时说笑。刘伶的妻子才是真正的受害者，她对刘伶酗酒的毛病真是忍了再忍。

以现在的知识分析，刘伶很有可能得了嗜酒症，一日不饮酒，身体就饥渴得难受。

妻子不知道这些，她只知道，刘伶再这么喝下去，非倾家荡产不可。于是，妻子提前开始了"清家"。她把刘伶的酒坛全部打碎，酒器也扔个精光。

刘伶从外面回来，见一口酒都找不到，很生气，就要动怒。这个时候，妻子娇滴滴地哭了起来道："你再喝酒你跟酒去过呀，我好心好意地劝你，我图个什么呀。"

刘伶最怕女人哭，一见妻子抹泪心都软了，连忙好声好气地去哄。

　　妻子是哄好了，但酒瘾怎么哄？他现在百爪挠心，恨不得拿头撞墙。家里没有酒，手里没有钱，外面没有朋友，看来不喝酒比让他死还难。

　　想了良久，一日，刘伶忽然计上心头，跟妻子说道："哎呀，我也发现喝酒很不好，我每日都在反思。只可惜我没有定力，一直戒不掉。"

　　妻子眨着天真无邪的眼睛笑道："没关系，我当监工，天天盯着你，你没机会喝的。"

　　刘伶无奈道："你做监工，只能治标，治不了本呀。"

　　妻子反问道："那怎么办？"

　　刘伶想了想，叹道："办法也是有的。只是，不知道你愿不愿意去做。"

　　妻子认真起来道："只要能帮你戒酒，怎样都行。"

　　刘伶表示很为难地道："好吧，我就告诉你。你也知道，鬼神是最灵验的，只要我要向他们发誓，从今戒酒，再也不染指一切跟酒有关的东西。有了鬼神的监督，酒瘾不戒都难。"

　　很明显，妻子有点怀疑，支吾道："这……"

　　刘伶当即反问道："怎么，你怕我骗鬼神？"

　　妻子笑道："你怎么敢！好，那我这就去请鬼神。"

　　刘伶拉住她，笑着吩咐道："也不急，我告诉你要准备的东西。"他想了想道，"你把祭祝用的酒肉准备好。切记，一定要准备两大坛酒，我要当着鬼神的面，摔酒明志！"

　　刘伶说得信誓旦旦，妻子也听得信誓旦旦。

　　次日，妻子兴冲冲上街置办酒肉贡品，逐一摆放在神案上。刘伶跪在鬼神的塑像前，双手合十，头磕了一个又一个，才对妻子道："为了发酒誓，还请夫人远避。"

　　妻子见刘伶连祈祷都这么虔诚，料想是真心悔过，很是欣慰，叮嘱了几句话便出去了。刘伶赶忙把门禁闭，又点着三根香，才跪在蒲团上念念有词道："天生我刘伶，酒是我的命。一次喝一斛，五斗消酒病。妇人之言辞，绝对不能听。劝我要戒酒，万万不可能。"

言罢，随意坐在敬神的案上，两手抱起一个酒坛，咕咚咕咚往嘴里灌，狂饮不止。喝爽了再大口大口吃肉，眨眼的工夫，两坛酒就喝光了，肉也吃得只剩骨头。

良久之后，妻子听到酒坛破碎的声音，连忙拍门，见无人回应，只好用力撞。

眼下，这个资深的酒鬼已倒地而睡，舒舒服服地打起鼾来，拳打脚踢也不醒。知夫莫若妇，见丈夫如此爱酒，妻子除了叹息，又能奈若何？

经过这场风波，妻子已然看淡，她虽无比反感刘伶饮酒，但以后再也不劝他戒酒了。

第三节　一个甘愿认输的人

谁能想到，恣意纵乐的刘伶也是做过官的。

他曾在建威将军王戎幕府担任参军，属于军事行动时由长官临时聘用的武职官员。这种官是临时性的，行动一结束，自然就撤销了。

换句话说，这就是一个临时工。

临时工也无所谓，能够挣钱买酒，还没有多少活，刘伶喜欢得不得了。

一日，刘伶奉上司之命去行辕议事。他骑着马，喝着酒，优哉游哉地刚走到半路，酒就喝光了。正犯愁之际，牛左忽然拦住他的去路。

牛左笑道："伯伦（刘伶字），咱们好久不见了吧？"

刘伶也笑道："是啊，怎么着也有三天了吧。"

牛左啐道："不是三天，是三年。"

刘伶摇晃着醉意熏熏的脑袋说道："难道我大醉一场，睡了三年？"

牛左拉他下马，一边往客栈里引，一边笑道："既然见到了，就不能轻易放你走。这样吧，咱们投壶赌酒如何？"

刘伶刚好没有酒喝了，脸上随即荡开笑容。笑完之后，又立即僵硬起来，摇头道："不行！不行！我有公务在身，还要赶路呢！"

牛左不知从哪里提上来一坛杜康陈年老窖，放在桌子上，指着道："这坛酒，我不用说，你就是闻也能闻出个年份吧？"

刘伶嗜酒如命，自然靠闻就能判断酒的年份，惊诧道："三十年陈酿？"

牛左笑道："那你陪不陪我玩？"

刘伶没命地点头道："好好好，玩就玩！"说着，就要伸手去抱酒坛。牛左立即把酒坛放在一边，提出了一个条件："赌的话就得有输赢。输的那位喝酒，另外……"

刘伶扬手道："行行行！快来吧。"

刘伶就想喝酒，才不愿意赢，便一通乱扔，大口大口喝酒。酒喝得差不多的时候，牛左忽然拦住他，道："别急着喝，我还没把刚才的话说完呢。"

刘伶道："你说。"

牛左笑道："我刚才想说，输得人喝酒，还要罚写一篇赋！"

刘伶有些恼道："什么？你刚刚怎么不早说？"

牛左辩驳道："刚刚我要说时，你打断了我的话。再者，即便我说了，你为了酒，难道就不写吗？"

刘伶笑了起来道："既然喝了你的酒，不妨写几个字，上笔墨纸砚。"

　　牛左早已准备好，指向旁边铺好纸张的几案。刘伶趔趔趄趄地走过去，伸手抓起笔，晾在眼前看了一眼，旋即挥墨道——

　　从前有位大人先生，他将广阔的天地视作一间居室，将万年的时光视作须臾，将日月视作窗户，将八方原野视作庭院小径。他行走的时候不留痕迹，居住也没有房屋，以大地为卧席，纵情任意，为所欲为。他休息的时候手持卮觚，行动的时候手提榼壶，只是每天喝酒，哪有心思去管其他的事。

　　有位贵介公子和缙绅处士听说了大人先生的传闻，议论起大人先生的作为。二人激动得挥舞衣袖，撩动衣襟，怒瞪双目，咬牙切齿，喋喋不休地陈说礼教，不容言辞地批评大人先生。此时，大人先生正手捧酒罂承接酒槽，口对酒杯品味新酿，散放鬓发箕踞而坐，头枕酒曲藉卧酒槽，没有任何愁思，也没有任何忧虑，称心如意乐陶陶。他昏昏然沉睡的时候，猛然间清醒过来，静听四海，居然听不到雷声；遥望远方，竟看不到泰山之形；不觉得寒暑冷热刺激肌体，也不觉得荣利欲望诱惑心灵。他俯瞰万物纷纷扰扰，就像江汉之水载动着浮萍；他看待贵介公子和缙绅处子在旁边站立，就像是那螺蠃和螟蛉。

　　提笔收尾，一气呵成。
　　牛左拿起文章看了又看，笑着称赞道："妙啊，真是一篇绝好的文章！文章题目是？"
　　刘伶醉卧在地上，饱着酒坛喝了口，方道："《酒德颂》。"

第四节　无业游民的日常

正始六年（245），由于司马氏与曹爽集团斗争激烈，随时都有动乱发生，刘伶便携家带口地迁往河内郡山阳城附近。

在山阳的那段时间，他先结识了山涛、向秀，见山涛忠厚大度，向秀沉静平和，各有各的特点，当即引为知己。

最让刘伶心头一跳的是见到了阮籍和嵇康。

那日，山风清暖，竹影摇曳。刘伶正卧在青石上醉饮，蒙眬中忽见前方朦朦胧胧见走过来两个人。一人狂狷恣意，不问风尘，很像自己。另一人魁梧健硕，英俊帅气，非天上仙人不可比。

刘伶笑着问道："两位是何许人也？"

两人走到他的面前，各自手里都提着酒坛。

阮籍往前一推酒坛道："阮籍！"

嵇康也一推酒坛道："嵇康！"

刘伶哈哈大笑，酒坛与二人一碰，笑着道："刘伶。"

三人碰完，咕咚咕咚喝完了酒，旋即放声大笑。

刘伶见二人举止不凡，竟丢掉酒坛，一手牵一人，笑着往竹林里走去。

日光和煦，清风拂面。美好的时光都沉浸到了竹林里，竹林也暖暖地装进了他们的心里。时光的无涯处是永恒，永恒的无涯处又何尝不是此刻？

一生得一知己，何如？

当如此，不相负。

加入竹林之游之后，刘伶开始了无拘无束的清谈岁月。

他的清谈风格如他的性格，融于世俗，恣意汪洋。他善于先抓住一个话题，再由内而外地剖析话题，将玄之又玄的哲理投射到巧妙的故事之中，听来甚是有趣。

刘伶最爱的话题就是"无为而无不为"中的无为，因为他本身就是一个无为者。

为了阐述自己的思想，他甚至用"天人合一"的思想来阐述老庄，并身体力行地以裸体饮酒的方式告诉众人，这就叫"无为"。

当然，刘伶并非一个醉鬼。

他只是坚守着自己的坚守，认为真正的清谈就要言行合一。

他倡导无为，他自己就要无为。

在竹林玄学的清谈活动中，刘伶表现得非常积极，他的任性不羁和惊世骇俗，也都在一场场的清谈活动中展现出来。

他不同于阮籍和山涛，没有想过把思想传递给当权者，再通过当权派宣发出去。

他看得很淡，有人欣赏就去说，哪怕对方是一个乞丐。无人欣赏就不说，即便对方是王侯将相又如何？

无业人员刘伶，经常喜欢荡迹云游。路上看风景，听故事，访古迹，赏万物，真可谓自在得多。

第五节　一酒一骑走天涯

景元四年（263）秋八月，嵇康被诛杀于洛阳东郊。面对司马氏的铁血政策，昔日对酒当歌的竹林七贤，终于在不舍之中风流云散。

七贤只剩六贤，阮籍、山涛、向秀、王戎、阮咸五贤，一个个都倒向了司马氏，只有刘伶依旧逍遥。原来，有些现实残酷起来，竟会比故事还要刺心。

曾经，嵇康赴死之时，刘伶大醉一场，他喝得酒和流的泪一样多，终究没有送朋友最后一程。这是他此生的恨。

至于其他六人，中间曲折，各种算计，谁又能说清楚？

直到五贤全都向司马氏妥协的时候，刘伶才猛然醒悟，原来昔日的竹林旧友，昔日的风骨之气，到头来，竟只有嵇康坚守到底。

他刘伶有嘴上的风骨，敢笑骂王侯，也只是逞一时之快，根本算不得风骨之人。

剩下的五人，亦算不得。

可笑的七贤风骨，竟只有嵇康！

呵——

刘伶笑自己，也笑其他人。他无法排解心中的愁绪，又开始喝酒。

如果说以前喝酒是因为知音难觅，因为壮怀不酬，因为权贵如淤泥，而独他清如水。

现在喝酒，他则掺杂着更多暗黑的情愫。有对社会的恨，有对朋友的怨，有对自己的憎，还有对生命的忧……

那日，山涛见他生活消沉，没有任何进取之心，就对他道："伯伦，如今朝中正缺少贤臣良吏，你要不要打算试一试？"

醉梦中的刘伶问道："招我过去做什么？掌管御酒吗？"

山涛叹道："御酒也许管不了，但天天有好酒喝，倒是可能。"

刘伶反问道："那我要如何才能进去？"

山涛道："陛下打算采用汉文帝举贤良所创的与射策并列的对策，

广招天下贤才。"

刘伶摇着酒杯，眼神迷离地笑道："那我就去瞧一瞧。"

几日后，刘伶果然去参加对策了。他之所以去，并非一心为了求官做，而是有两个原因：其一，他会把自己"无为之化"的政治理念提出来，看看司马炎作何态度；其二，他不想却山涛好意。他不是嵇康，也没有那么锋芒毕露，不磕到底，不死不休。

不出预料。

我行我素习惯的刘伶，即便见到司马炎也一样是谈吐随意，如风如云，没有一点沉稳老练的气质。虽然阮籍也如此，但阮籍说出的话至少深奥古朴，有大家之风。

刘伶呢？字字句句，俗如白话，这怎么可能引起司马炎的兴趣？

更何况，谈及政事的时候，刘伶一直在阐述"无为"的妙处，仿佛把对策当成了清谈现场，这让司马炎很是不喜欢，当即以"无用"二字将他罢免。

踏出宫廷门的那一刻，刘伶忽然仰天回以三声意味深长的狂笑，不知是喜，也不知是忧地回到家里。他让妻子收拾好行李，也不等夕阳落山，就带着一家老小潇洒地离开了。

妻子问他要去哪里。

刘伶笑道："我也不知道。"

妻子嗔怪道："你没有想好，为什么让我们全离开？咱们在京城不是住得好好的吗？"

刘伶边喝酒边道："京城再好，我们依然是别人手中的剑，永远受人支配。离开这个是非之地，也许才能真正自由。"

妻子好奇地问道："那你觉得哪里自由？"

刘伶又笑道："不知道。"

他的确不知道，以他准备鹿车随时埋藏自己的性格，也许他们会一直走下去，直到死去那天。赶了三日三夜的路，他们终于来到一片波光粼粼的水岸边。

妻子问刘伶道："这是何处？"

刘伶下了马车，遥望远处的落日。余晖洒在水面上，半江瑟瑟半江红，如此秀美壮丽。

刘伶笑着道："也许我们到了黄河边了。"

妻子反问道："黄河边？"

刘伶道："没错。以后，这里就是我们的家了。"

他真是依着兴致，喜欢哪里就在哪里定居。细细想来，人不应该如此才能活得幸福吗？

曾经，黄河决口时，堤上是不能住人的。而今，河水已退去，堤上空出大片的面积，已有人在此居住。刘伶一眼就相中这里，遂与一家老小住在堤上。

此后，刘伶的生活很惬意。白天看日出日落，晚上看繁星春水。

对酒当歌，人生几何？

第六节　有钱没钱，先开个店

古阳堤。

黄河落日，燕雀顾环，一派苍茫。

他们已经在此安家半年有余了，刘伶仍旧是终日买醉，不问世事。

妻子劝他去做官。

他不去。

再说，司马炎也瞧不上他，做官也没得做。

既没得做，那就喝酒。

妻子见他真心不愿意做官，就指着村西头道："那边前挨黄河，后靠深山，咱们不如从那里开一家店，既可以养家糊口，也能为子孙留点家业。"

刘伶抓酒葫芦的手一顿，瞥向她道："开什么店？"

妻子笑道："开酒舍可以吗？"

刘伶眼睛放光道："那倒是一个好主意，只不过，娘子可会酿酒？"

妻子温和地道："这倒也不难。除了卖酒，住宿，餐饮之外，咱们还需想点别的东西。"

刘伶不如妻子想法多，也许是懒得想，任由妻子去操办。妻子想了一会儿，忽又道："咱们的店叫什么名字好呢？"

起名字，刘伶倒是在行。他喝了一口酒，悠悠地道："不如叫好店。"

妻子自喃道："好店，可有说法？"

刘伶笑道："《说文》中云：'好，美也。'此乃指，女子貌美也。《礼记》有云：'领恶而全好者与。'此乃指善而优良也。《史记》有云：'欲与王为好。'此乃指友爱，交好也。"

妻子嗔怪道："说人话，我一句也听不懂。"

刘伶笑着摇头道："店乃娘子经营料理，娘子如此美丽贤惠，善而优良，实在让刘伶钦佩。咱们店铺所打出的口号又是，与人交好，友爱诸客。如此来看，怎一个好字了得？"

妻子这回听懂了，笑起来道："妙妙妙！那就叫好店了！"

不久，好店就运作起来了。由于妻子经营有方，照顾周到，又保护来来往往的行人商客，生意日渐兴隆。很快，黄河古堤阳坡上，西起圪垱店，东到杏花村，四十五里地之内，"好店"的名声在外。二人再接再厉，将这间坐北面南的店铺盖起数十间，连成一大片。

一日，妻子从外面笑着走了进来，连续数个时辰，一直回味无穷，笑意满面。

刘伶不解何意，就问道："娘子这是遇到了什么喜事？"

妻子笑道："适才我去镇上买东西，听到王大婶说起一事，甚觉好笑，每每想起，仍旧回味无穷啊！"

刘伶问她究竟是何事。

妻子这才说，王大娘不知从哪里听来一个故事，甚是有趣。

刘伶问道："怎么个有趣法？"

妻子看他一眼，就如临现场般像模像样讲了起来。

相传殷商末年，纣王选了苏护之女苏妲己为妃。

这日，苏护驾车带着妲己前往朝歌，路上风霜雪雨，不知不觉到了获嘉。很会来事的当地官员苏彦卑躬屈膝地大献殷勤，小算盘在心里打得啪啪响，正做着只要伺候好苏妲己，就能当上大官的美梦。

是夜，圆月高悬，星辰点点。

苏彦觉得是个好日子，就在家中宴请苏氏父女。一番从不磕巴的溜须拍马，说得苏护心花怒放，听得妲己直翻白眼。

关键时刻。

狐妖乘隙而入，轻轻一挥手，三人就昏倒了。

奸计得逞，狐妖搓手阴笑，俯下身子去吸妲己的魂魄。

又是一个关键时刻。

苏彦夫人黄小玉撩帘而入，看到这一幕，又轻轻退了出来。

见到妖怪吸人精魄，一般人要么昏倒在地，要么喊人求助，要么撒腿就跑，要么拿家伙事自卫……如此一般人的做法，黄小玉统统不做。

她急忙跑到厨房，慌慌张张地做起饭来。

她不是因为吓得饿了，要吃东西，而是在做一碗祛邪醒酒汤。

通常的做法，汤用莲藕、荤菜拌糊而成。可是，黄小玉实在太紧张，匆忙之下，刀削完莲片，糊就顺着莲孔而下，旋若游龙。

失手了？

没时间了，凑合着做吧。

于是，黄小玉赶紧加进去荤菜，熬煮了一会儿，汤成。

黄小玉端着滚烫的汤来到宴席。有意思的是，狐妖竟然还没走，愣愣地看着她把汤喂给苏护和苏彦，又看着她端着碗，无视自己去喂苏妲己。

狐妖在心里问了十万个为什么，就化作一缕青烟飞走了。

听到这里，刘伶笑了。

传说果然是传说，连一点逻辑都没有。黄小玉在狐妖眼皮子底下喂祛邪醒酒汤，狐妖居然无动于衷，甚至撒腿就跑？

哪有一点做妖的气质？除非，狐妖是第一次犯案，就像黄小玉第一次见到狐妖，大家都是第一次，所以紧张。

黄小玉把刚刚发生的事告诉了苏护和苏彦，两人心头跌宕，大惊失色。听完之后，苏彦举起了那碗祛邪醒酒汤，问黄小玉道："夫人真是技艺高超，敢问这碗汤叫什么名字？"

黄小玉想了想，脱口而出道："活！——活啦！"

听到这里，刘伶也拍腿大笑道："这一听就是王大婶瞎编的，实在有意思。"

妻子有些严肃道："怎么能是瞎编的，这碗汤真有人做。"

刘伶惊讶道："你不会是想说，黄小玉把这种汤的做法传了王大婶，王大婶就会做？"

妻子噗笑道："也没这么夸张，总之黄小玉把这种'活啦'汤传给了咱们这里的居民，咱们这里的人都会做。一旦有人鬼上身，喝了'活啦'汤就能驱鬼驱神呢！"

刘伶先是一笑，摆摆手道："一碗汤就有这么大用，不可信不可信。"言罢，他忽然灵机一动，又道，"既然这碗汤如此有趣，我们为何不在店里主打这个招牌呢？"

妻子觉得很有意思，问道："做是可以，只是名字不好听。总不能见了人就说：'您要的活啦汤好嘞，请慢用。'"

刘伶笑道："名字欠雅，不如取谐音，皆用食字部，凑成两字。名曰'饸饹'，可矣！"

妻子反复念叨着这两个字，越听越觉得有意思，遂将这种汤纳入店里。久而久之，"饸饹汤"自好店传出，渐渐地，获嘉附近人人皆吃"饸饹汤"，又有人做起了"饸饹面"，"刘伶名膳埠"也因此得名。

第七节　醉倒刘伶不复醒

刘伶和妻子也算是经营高手。

他们不仅把祛邪醒酒汤打造成了招牌，发展为自己的"饸饹汤"，刘伶因爱饮酒，妻子还琢磨着自己酿酒，毕竟花钱买酒太贵了。

妻子从娘家那里学到了酿造古井贡酒的秘方，又组织人员专门酿造，历经数月反复调制，终于成功了。

刘伶舀了一勺酒，饶有品位地咂巴着嘴，笑道："这酒，真是太有味道了。"

妻子也笑道："比起你经常喝的，可算是好？"

刘伶道："好，简直好得很！哎，这酒既然是咱们家酿的，我要单独起一个名字。"看向外面的白云和蓝天，刘伶酥醉的眸子微微张开，笑着道，"此酒可比神仙佳酿，不如，就叫神仙醇，如何？"

妻子没有回答他，温柔的红唇轻勾。只要丈夫开心，她似乎做什么都满意。

有了神仙醇，刘伶经常相邀附近的名士过来品尝。刘伶的名气，加上各路名士的传播，一种叫作"神仙醇"的美酒名扬天下。

以前，提到美酒，一定绕不开杜康。而今，要喝酒，定不能少神仙醇。

然而，一个东西再好吃，经常吃会腻。喝酒也是如此。对于一个除了喝酒再也没正事做的人来说，天天喝神仙醇并不过瘾。

刘伶喝酒喝的不只是味道，还有氛围，以及新鲜。

一日，刘伶又去附近游玩了。他依旧举着酒葫芦，左摇右晃地在前面走。身后跟着一个酒童，推着一辆鹿车，上面放着铁锹。

及至一家酒舍，刘伶走到掌柜跟前，伸手要酒道："掌柜的，可有神仙醇？"

掌柜冷笑道："神仙醇是什么酒，没听过，杜康可以吗？"

刘伶听了大喜，激动地道："好，给我来一大坛，不，我要一大缸。"

掌柜有些惊诧，呆呆地站在原地，不知道是怕他付不起钱，还是觉得他在说酒话。当刘伶提出要给他十倍酒钱时，他二话不说便吩咐伙计上酒。

的确是一大缸。

人如果跳进去，估计可以洗一个澡。

刘伶摇摇晃晃地走到酒缸前，伸手拂了拂，眯着眼笑道："不错，果然是好酒，只闻这酒味，就比我那神仙醇好喝多了。"

言罢，他伸手捧起来，吸溜吸溜喝了几口，又笑道："好酒，真是好酒！"

众人见他喝酒的样子滑稽，无不拍手而笑。掌柜的也跟着笑起来，起哄道："客官好酒量，要不要来一个碗，坐着喝？"

刘伶一扬手，爱答不理地道："不必，我就要这么喝。"

他见用手捧着喝太麻烦，索性把头伸进去，咕咚咕咚喝了起来。半个时辰过后，刘伶喝得烂醉如泥，昏倒在地上。酒童赶忙把他抬上鹿车，拉回了家里。

妻子见了，左摇右晃，总不见醒。

十几天之后，再摸身上，冰凉如水，呼吸也停止了，莫不是死了？

妻子大骇，伏在刘伶身上一阵大哭。哭过后，只好把他用棺材入殓，埋入土中。

三年后，掌柜过来找刘伶要账。刘伶的妻子悲从中来，哭着说刘伶已经死去三年了。掌柜笑着道："不会死，不会死。"

掌柜要求开棺，刘伶妻子起初有些反对，但见掌柜不像玩笑，也就去开棺了。

众人打开棺材，只见刘伶忽然拂袖而起，睁开惺忪的眼睛，犹如刚刚睡醒一般，打着哈欠道："好酒，真是好酒呀！"

刘伶全家一阵大喜。

这段"杜康美酒刘伶醉，醉倒刘伶三年睡"的故事，听起来十分荒唐，却真实地记载在刘伶故居——《刘固堤西街村志》。

历史风云已变，几经流转，大抵历史原貌已经破坏。

如果这件事是真的，也许刘伶喝酒真的醉如死人，妻子只好将他下葬。沉睡地下三年不可能，至多也就三日。掌柜收账，意外解答杜康酒的秘密，再发生开棺验尸，刘伶复醒，或许可信。

永康元年（300），秋，八月。

又是一年之秋，又是一年分别之时。

秋是感伤的季节。落叶飞舞，万物如死，千里江山一派枯萎、萧索。然而，一年四季无论怎样轮回都跟刘伶无关，因为他仍旧在喝酒。

往昔所喝之酒，多的是醉意人生。

如今的酒，挂上了苍老，也塞满了思念如刀。

人一老就会多想，再乐观的人也会。想的事很多，过去的点点滴滴，风花雪月，苦乐哀愁……但更多的，还是对即将赴死的无奈。

刘伶不怕死。

他愁的不是死，而是已经想不起朋友的样子，再也回不到那段喝酒纵乐的时光了。

他在想嵇康。

七年前，好友嵇康赴死，徒留下刘伶一生的恨。七年后的秋天，他是该去好友坟前上一炷香，说几句体己话了。

每年的八月，嵇康忌日，刘伶都会来看他。

今年，有些不同。

他感觉步履蹒跚，行动不便，就连举起酒葫芦的力气都没有了。好不容易来到山阳，好不容易再看到那座荒草丛生的坟茔，他竟然激动地哭出泪来。

他斜倚在嵇康的石碑前，喝下一口冷酒，又浇在了石碑上，表示也喂给嵇康喝。

伴着清凉的秋风，打旋的秋叶，他轻轻地睡着了。醉梦中，他再一次见到嵇康。

是年冬，白雪纷飞，寒风刺骨。

阴沉沉的天，沉沉地压着世间万物。嵇康从雪夜里走来，他手脚戴着镣铐，虽是戴罪之身，但仍旧难掩那敢问天地的凛然正气。

刘伶惊诧地问道："叔夜，你这是怎么了？"

嵇康笑道："我当面讽刺钟会，遭到他恶语中伤，现在被逮捕押往京城。"

刘伶叹道："可怜叔夜，可怜叔夜……"

嵇康环顾四周，仍旧正气凛然道："伯伦可知，此乃何地？"

刘伶想了想，道："此乃同盟山，相传当年武王伐纣，曾与诸侯会盟于此。诸侯之兵，堆土建台为之。昔日，上有武王庙，下有太公校阅台，今已全废，只余这白茫茫大地。"

嵇康仰天而笑，走到一棵柏树下，对押解的人道："两位兄弟，今日我有缘遇到老友，可否容我叙叙旧，弹一首曲子？"

押解的人正好也累了，便帮嵇康开了锁。刘伶献上一把五弦琴，嵇康在漫天的雪花里面弹了起来。

乃是一曲《广陵散》。

北风呼啸，白雪翻飞。过去的故事，追随着曲子的音符，一点点被勾起，也一点点激荡在刘伶的心里。

曲终弦断。

押解者纷纷落泪，刘伶也热泪滚滚。

此刻，嵇康抬起头，见柏树形如浮屠，一只鸟登枝而啼鸣，莫不是悲伤，叹道："弦断曲尽，鸟悲我哉！鸟悲音则戚，兽惊声则狂。此鸟悲我《广陵散》耳，我死后，只怕绝矣。"

众人听了，无不是伤心。

押解者知道七贤美名，就让刘伶去通知其他五贤过来，让他们团聚。

七贤相聚，共会于柏树之下。

趁着鹅毛飞雪，平添多少苍凉？

王戎弹琴，阮咸弹琵琶，向秀敲梆子，山涛吹笛，刘伶拍掌控制节奏，阮籍喝酒的声音像哨子一样为乐曲助威。

嵇康大呼一声"好"，就又潇洒地弹起断弦之琴。

嵇康先唱道："鹊鸟兮啾啾，形茕茕兮哽悲喉；琴音兮绵绵，影单单兮贯愁弦。"

阮籍唱道："诽谤言血洗箭兮，风若狼瞅如磐。折莲梗藕丝牵兮，祷康君早日还。"

阮咸唱道："踏同盟之砂砾兮，掬清水之涟漪。悲叔夜竟何罪兮，泪潇潇子规啼。"

山涛唱道："星舒臂挽月钩兮，银河滥万斛愁。梦里歌广陵散兮，罇中酒为君留。"

向秀唱道："掌斧钺可开路系，握河蚌可取珠。夫堂堂衢所何兮，悬帛幛凭君书。"

王戎唱道："坠冤海覆鸠潭兮，荆塞道雾漫天。开神目擎链锁兮，藏汗青供君参。"

刘伶唱道："同结庐游竹林兮，索绊马将落尘。云遮月星弹泪兮，执玉樽待君归。"

嵇康听罢，心潮翻涌，久不能止，遂指向那棵柏树道："今日能与诸位以音乐相会于此树之下，真是死而无憾了。"

于是，嵇康站起身来，献出手脚，由押解者上锁落扣，辞别六贤，向着黑不见头的雪夜扬长而去。

许是风太凉了。

刘伶从梦中惊醒过来，遥望四野。天幕已垂，星月高悬，知是睡过了头。

他告别了嵇康，沿着空寂的山林而下，行了数日，及至北芒山下的一间客舍。

孤零零的人，孤零零的魂，还有孤零零的夜。

风寒月寂，最适合望景思人。

忽然，不知何处传来一阵长笛的声音，清亮的音符飘进他的耳里，也钻进那颗忧悒的心里。刘伶大饮一坛酒，许是思念太重，又或是怀念那段竹林七贤相会的盛景。

总之是悲从中来，遂铺开纸张，苍老的手颤颤地写下《北芒客舍》诗——

泱漭望舒隐，黮黮玄夜阴。

寒鸡思天曙，振翅吹长音。

蚊蚋归丰草，枯叶散萧林。

陈醴发悴颜，巴歈畅真心。

缊被终不晓，斯叹信难任。

何以除斯叹，付之与瑟琴。

长笛响中夕，闻此消胸襟。

提笔收尾，只听一个老迈的声音说道："世人皆叫我酒神，因为我不会愁，不会忧，只知道把酒当歌，不屑众生。然而，只有我知道，所有的视而不见，都是因为无力回天。"

　　他抬起愁绪满怀的目光，凝望着天上的一轮秋月，深深地苦笑道："也不知，到了天庭那边，我还能不能喝到酒？"

　　思及此，一坛烈酒喝下，直喝得醉意昏昏，倒地而眠。

　　别人辞世，闭眼前就已知要与世作别。只有他，不知死，也不畏死，仿佛当年醉酒了一样，就这样沉沉地睡着。

　　这一睡，不是三年，竟成了永生。

阮咸

第六章 / 任达笑凡尘，天才音乐家

第一节 千金难买犊鼻裤

竹林七贤虽然各个都通晓音乐，但真正要说谁是音乐之王，恐怕非阮咸莫属。阮咸的生卒年不详，少年经历也不详，但家庭谱系却非常的强大。

爷爷是阮瑀，乃东汉末年文学家，建安七子之一。

父亲是阮熙，曾任三国曹魏武都太守。

叔父是阮籍，本书知名人物，不用多介绍。

生活在这样的家庭中，爸爸妈妈肯定不用担心他的学习。阮咸是不是学霸不知道，但他经常跟着那位任性不羁的叔父阮籍厮混是真，久而久之也跟着任性起来。

阮咸从小就是阮籍的跟屁虫。

阮籍爱喝酒，兴致来的时候也会赏给阮咸几口。

结果，阮籍睡一天，阮咸要睡三天。

洒脱随性的阮籍，从不在乎穿衣礼仪，夏季热了就敞开肚腩，想怎样凉爽就怎样凉爽。阮咸也学他，不仅敞开衣服，还要轻轻拍着肚腩，仿佛要跟阮籍比一比，谁的肚子更大。

如果说阮籍是老东邪，阮咸就是小东邪。

那时，人丁兴旺的阮氏家族聚居在洛阳东郊瀍河岸边，人们称之为"阮曲"。

阮氏家族很大，贫富差距自然也大。久而久之，形成了两大住宅区。有权有势的达官贵人大多数住在向阳的路北，较为贫困的阮籍和阮咸就住在路南。

根据当地习俗，六月初六是晒衣节，各家各户都会把衣服拿出来暴晒。

魏晋时的房屋防潮效果不好，遇到梅雨时节，降雨量大的时候，衣服、被子等很容易受潮长毛，生蛀虫。久而久之，晒衣节就产生了。

这日，晴空万里，阳光普照，大地一片温暖。

北阮诸家竞相争晒绫罗绸缎，仿佛晒的不是衣物，而是家里的金银财宝。

总角少年阮咸走过来转了一圈，笑着道："我怎么从衣服上看到了闪闪发光的金子？"

大家都认识阮咸，知道他从小顽劣，就有人打趣道："可不是吗？这一件衣服，顶得上三锭金子。"

阮咸咯咯笑了起来，笑完之后才道："不行，你们都在晒金子，我也回去晒晒我的宝贝。"

说完，一溜烟回到了家里。他找来一根竹竿，高高挑起自己的一条犊鼻裤，仿佛一面随风飘扬的旗。那裤子破旧不堪，依稀可见斑斑补痕。

阮咸高高举着竹竿，潇洒地走到北面阮家晒衣服的中心区域，生生插在了最显眼的位置。

北阮家的一个人指着竹竿，笑着挖讽道："阿咸，你的'宝贝'莫不是这面破旗？"

阮咸抬头看了看竹竿上的裤子，很自豪道："是宝贝，但不是破旗。"

又一个人笑道："对，不是破旗。旗再破，也不可能破成这个样子。"

阮咸摊开手笑道："你说的没错，破不成这个样子。"

刚刚那人不屑道："既然知道破就赶快挪到你们那边去晒，万一上面有个跳蚤什么的，我们的衣服可就遭殃了。"

阮咸玩味地笑道："有没有跳蚤我不知道，但我想，如果真有的话，那也是一只值数万金子的跳蚤。"

众人听罢哈哈大笑起来，纷纷笑他傻。有一人觉得嘲笑阮咸很有趣，就问道："那请问，你这件破裤子，究竟有何来历？"

阮咸拔起那根竹竿，抬头看着上面的裤子，笑道："哎哟，这裤子的来历可就大了。这是当年越王勾践给夫差喂马时穿过的裤子。"

说着，小心翼翼地抱着旗杆往回走，徒留给众人一道身影。

至此，北阮家的人才明白过来。原来，阮咸是在嘲笑他们是夫差，纵然现在享受着优渥的生活，早晚会被卧薪尝胆的勾践一雪前耻。

更重要的是，阮咸也传达了一个思想。

富贵荣华如浮云，只有志向和抱负才会价值千金，永世相传。

这个总角少年竟能有此等觉悟，让那些昔日嘲笑他的北阮诸家的人很是钦佩，再也不敢小看阮咸。

经过此事，阮籍更加欣赏阮咸的性格。

第二节 相遇就是缘分

到阮咸十几岁的时候,阮籍忽然想,是时候带他出去见识见识了。于是,叔侄二人乘上一匹马,从洛阳一路跑到了河内郡山阳。

山阳景色秀丽,名士云集,让少年的阮咸大开眼界。

他跟着叔父认识了早已成名的竹林五贤。

吸收能力极强的阮咸,渐渐学习到刘伶的放情、嵇康的率直、向秀的沉静、山涛的忠厚、王戎的灵光……

很快,阮咸也成了一个侃侃而谈的人。

人们常说,年轻而无畏。

阮咸就是很好的例子。他不仅形成豪放旷达、超尘脱凡的性格,甚至有时候不近人情,常常受到人们的奚落。

当然,自我感觉极好的阮咸往往一笑置之,毫不在意。

有一年,阮咸的母亲去世了。丧礼很隆重,不少阮熙的朋友都来吊唁。阮咸跪在草席上一一接应,没有失一分礼数。

当天,姑妈也哭着吊唁。礼毕之后,就跟阮熙多说了几句话,当提及三日后要迁居到别处,日后只怕聚多离少时,说着说着又是一阵好哭。

阮咸听说姑妈要走,问道:"姑妈迁居远地,不知婢女是否也跟去?"

姑妈一怔,反问道:"你问她作甚?"

阮咸道:"也没什么,只是忽然想起来了。"

阮咸的小心思瞒不过姑妈。

姑妈清楚,阮咸看上了自家府中那个鲜卑血统的婢女。不然,婢女没来府上之前,阮咸少来看她。这婢女刚来不久,他几乎隔日便来,几乎把她家当成了自己家。

当下场合不适合提及此事，姑妈也没有揭阮咸的短，就随着他瞒过去了。

三日后，阮咸竟穿着孝服来到了姑妈家，着实吓了她一跳。

姑妈问道："守孝期间不能乱跑，你读了这么多书，怎么就跟没读似的？"

阮咸笑道："姑妈说这话就见外了，我根本就没有乱跑。"

姑妈一怔，反问道："从你家到我家，中间穿过好几条街，不算乱跑算什么？"

阮咸答道："姑妈又见外了，咱们一家人，怎能说两家话？"

姑妈知道他嘴贫，也不跟他再说，就问道："你来是帮姑妈搬家吗？"

阮咸往屋子里探了探头，发现东西基本都搬光了，但没有发现婢女的踪迹，遂忍不住问道："是啊，侄儿不光来帮您搬家，还打算帮您搬人呢！"

姑妈一怔道："搬人？"

阮咸有些焦急道："是啊，她哪里去了？我打算把她搬到我家去，省得占地方。"

姑妈又急又气道："她是我的婢女，用不着你搬，自己会走。"

阮咸也急道："那她走到哪里去了？您不会嫌她占地，把她给赶走了吧？"

姑妈笑着道："原本我是想赶她走的，但见她手脚勤快，伺候周到，就留下了。现在，她跟着你姑父的车走了。"

阮咸想了须臾，忽然跑到了门口，抢过仆人手中的驴，蹄不着地地呼啸而去。

良久之后，门口一阵驴鸣声，两人骑着驴回来了。姑妈见他们举止亲昵，脸泛桃花，大惊失色道："咸儿，她只是小小的婢女，如何能配得上你？"

阮咸回望她一眼，笑着道："人种不能丢。"

姑妈这才反应过来，怒不可遏地道："什么，你是说，她怀了你的孩子？"

阮咸冲姑妈一笑，也不答言，当即勒转驴缰，向着家的方向扬长而去。

阮咸的这一举动，不仅差点气晕他的姑妈，也差点把阮熙气个半死。

如今朝廷提倡"以孝治国"，"孝"已是一国之本。阮咸在居丧期间不仅不恪尽孝道，甚至为了一个婢女置人伦、王法、礼制全不顾，的确是惊世骇俗，开天辟地。

再则，越礼。

曹丕制定"九品中正制"，就是为了把人划分等级，形成著名的士族门阀制度。

那时，士族和庶族之间的交往有着严格的限制。士族是世代为官的名门望族，他们的血统必须保证纯洁性，将来才能继续维持士族的等级。如果士族与役门、寒门之间通婚，往往会被人们认为大逆不道。

阮咸热恋一个异族婢女，而且使女方未婚先孕，还在为母亲守丧，身穿孝服，并且那人已经离开的前提下，骑着驴去追，甚至一同乘驴而归。

真是破天荒。

这不得不说对门阀制度形成了强烈的冲击。

阮熙自然非常生气，责问道："孽障，你越礼法、弃孝道，简直给家族蒙羞！"

阮咸倒是很风轻云淡道："我虽然居守母丧，但守孝的前提更应该是那八个字——不孝有三，无后为大。只有我先娶了她，再生个儿子，好好延续阮家香火，才是对母亲所尽的最大的孝。"

阮熙哑然，一时语塞。

　　他算是明白了，这个儿子简直比他叔父阮籍还张狂。阮籍在母亲丧礼上顶多学学庄子，以啸歌代替悲伤，虽然有人斥责，尚能理解。

　　再看这个儿子，公然揶揄和讽刺礼法，并打着礼法的旗号反对礼法，简直是惊世骇俗的越轨之举。

　　这件事发生之后，外面也流传起各种风言风语。一些卫道者，甚至纷纷写文章抨击他，各种脏话难听的话，通过杂七杂八的途径飘进阮咸的耳朵里。

　　他不在乎，仍旧置之一笑。

　　她见丈夫受诽谤，很惭愧地道："这事都怪我。如果我早前跟你撇清关系，也许就不会发生这种事了。"

　　阮咸笑着道："夫人说哪里话？上天既然让咱们相遇，本就是缘分。"

　　她低下了头，很感动。

　　阮咸看向她，深情地道："所谓患难见真情，在那种特殊的条件下，我奋不顾身去见你，乃是对你深深的相思。我不舍得你走，更不舍得肚子里的孩子。我与你有比翼之缘，更与孩子有血肉之情。"

　　她万分感动，噙着泪花道："可是，外面的风言风语，随时都可能杀了我们。"

　　阮咸哈哈大笑道："你怕他们作甚？每个人都有追求爱和个性的权利，那些伪君子和卫道者，背地里还不知道做过什么。"

　　她叹道："难道我们要一辈子隐忍下去吗？"

　　阮咸怎么可能忍？他早已想好对策，于是让她铺开纸张，挥毫写下一首诗——

　　八斗才粮抛子建，一方灵宝掷桓玄。

家叔哭穷却谁笑，正是阮咸急挥鞭。

小颈秀项可青睐，大名高声皆白眼。

我欲邀卿常漫舞，青丝白发老人间。

潇洒写完最后一个字，阮咸轻轻放下了笔。

他想了想，就用琵琶给这首诗谱上了曲，还让仆人学会后教给外面的孩童们唱。不久之后，整条街上的孩子们都会唱了，仿佛不会唱这首歌的孩子，就是一无所知。

有意思的是，家长们纷纷要求孩子们不能唱。

压制的结果就是叛逆。

孩子们不仅不停止，甚至越唱越热烈，真真助长了阮咸的气势，也狠狠抽打了卫道者们的脸。不得不说，阮咸的反击强而有力。

第三节 特别的酒宴

阮咸是礼法的坚决抗争者。

他向往思想的自由，行为的自由，一切的自由。

一切包括，喝酒的自由。

别人有鉴于礼俗和形象，往往要推杯换盏，一杯杯地喝，还要喝出礼法，喝出气质，甚至喝出温文尔雅。

阮咸不这样喝酒。

他请人制作了一口很大的陶瓷酒缸，旁边摆开各种型号的容器，任人筛选。

只要来到他这里，喝酒必须放飞自我。

他会根据心情选择喝酒方式，有时直接用手掬起来喝，有时把芦苇秆插进去吸，还有时干脆把头埋进酒缸里咕咚咕咚地喝。

再后来。

他觉得在屋子里喝酒实在太闷，就吩咐人干脆把酒缸抬到院子中央。伴着青山流水，坐拥云海潮生。喝酒要宽衣解带，要放开肚皮，可任选酒器，也可把头伸进酒缸。

大口喝酒，大口吃肉。

一日，阮咸请朋友们喝酒。众人跪坐在酒缸前，纷纷把头伸进去喝。也许样子太像猪吃食，结果真引来了一群猪。

小猪们摇着尾巴，将脑袋浸进酒缸里呱唧呱唧地喝酒。众人立即发现不妙，全都站了起来，只剩阮咸没有注意，仍旧跟猪友们争着喝酒。

不必叫他。

因为他越难堪，众人就越觉得有趣。

阮咸停下休息，见旁边都是猪，一怔之后，忽而拍手笑道："有意思，狐朋狗友变成了猪朋彘友，有趣，有趣得很呀！"

朋友们本要笑他，不料反被冷嘲，自是哭笑不得。

阮咸也不理会众人心情，又把头伸了进去，竟跟猪抢起酒，还模仿猪的声音道："喝，喝，喝……"

喝得醉醺醺，已是如临仙境之际，他摇摇晃晃地站了起来。

有人笑道："一个特立独行的人，一群特立独行的猪，天下奇闻皆聚于此，真不可思议。"

又一人道："仲容有了新友，只怕今后就把我们忘了。毕竟，这群猪友可比仲容放得开。"

阮咸笑道："天地造化万物，本无贵贱之分。与猪喝还是与人喝，有甚分别？至于放不放得开，诸位要是连猪也比不过，可就无颜面咯。"

一席话，说得众人气也不是，笑也不是，只好跟着他无奈地哈哈大笑起来。

阮咸与猪共饮，任谁听起来都觉得荒唐至极。然而，他的荒唐又是一把刀，刺穿名教的做作，刺穿礼法的虚伪，也刺穿世俗的墨守成规。

水至清则无鱼，人至察则无徒。

聪明者往往是孤独的。

因为遇不到志同道合之人，只好一个人独看细水长流。

阮籍是孤独者，但并不是孤僻者。

他不擅长与人交往，也不屑于与人伪善，钻营算计。他最乐的事，不过携几个亲朋好友，弹弦酣宴，梦里欢歌。

这一切，阮籍很是理解。

可是，阮咸的其他小兄弟，不见得就知道任达不拘究竟为何物。他们只是看到了表面的洒脱随性，不遵凡俗，从未认真参悟个中情由。

阮籍曾语重心长地教育他们道："鱼潜于水，因习水性，才可自在游行，不拘体态；鸟翔于云，因知风变，才能随风而走，莫若浮萍。你们这些人，还不具备一定的品性和才情，就想着任性不羁，放浪形骸，岂非东施效颦？"

阮籍所言非虚。

事实上，刻意模仿阮咸和他的亲朋好友们，一个个都是徒有表象，不见内蕴。

这就像，李白斗酒诗百篇，猴子们也学他斗酒，只能醉百天。李白的酒里是文章，猴子的酒里只是酒。

山涛也很赏识阮咸。

泰始初期，山涛曾三次向司马炎推荐阮咸，字句诚恳道："阮仲容贞素寡欲，深识清浊，万物不能移。若在朝中任官，必绝于时。"

司马炎轻轻弹了弹衣袖，淡淡地道："这个阮仲容，就是阮籍的侄儿？"

明知而顾问，多半另有蹊跷。山涛只好喏喏地道："正是。"

司马炎漫不经心地道："哦，就是那个耽酒虚浮的阮仲容啊，此子性情顽劣，等等再说吧。"这一等，就是再无消息。

司马炎说他"耽酒虚浮""性情顽劣"确实如此，但他并不是放荡、恣意之人。

他的任达不拘、惊世骇俗，多半源自情。情如海潮，如火焰，如漫天风，如四海云，不论走到哪里，总以自由为向往。

阮咸将自由化为种子，随着他的任达之风，撒过天涯，也飘过海迹。

第四节 用实力说话

时任太子文学的郭奕得知阮咸美名，曾亲自过来拜访。

郭奕以远见卓识、孤高自傲闻名，善于识人和品评人物，当朝大臣都排在他的下面，连山涛也忍不住赞道："高简有雅量。"

当然，山涛见人才就捧，他的话要掂量。

从郭阮交往来看，如果没有两把刷子的人，阮咸不会引为知己，更不会成为莫逆之交。

郭奕，必是人如其名。

初次见面，郭奕被阮咸的知识渊博，谈吐风趣，言论睿智，以及风采卓越所吸引。阮咸也深佩郭奕的大度从容，海纳百川。

二人频繁往来，成为一段佳话。

纵然不在官场，但他身边有这么多仕途朋友，也算是半个宦场人。

他的风流倜傥，妙语连珠，风趣诙谐，经官场朋友们的传播，很快从朝堂流至坊间。无人不知，无人不晓。

许是阮咸名声太旺，很多年之后，司马炎才委任他为始平郡太守。

坎坷的仕途，早让他看透风云变幻，春秋更迭。他不再年少，也没有了佐君治天下的野心。历经岁月的他深刻明白，即便一生游弋官场，也掀不起惊涛骇浪。

因为，他自在的品性，注定与圆滑的官场格格不入。

他把重心放在了音律的研究上，逐渐练就深厚的造诣和高超的演奏手法。他尤擅琵琶，精于谱曲，一曲而起，急如瀑布，缓若鸟鸣，连著名音乐家嵇康和阮籍也赞不绝口。

不好张扬，也不屑跟俗人表演的阮咸，好听的音乐只会流传于亲朋之间，传播十分有限。

所谓，锋芒毕露。

魏晋最著名的乐律学家荀勖听说了阮咸的才华，便邀请他参加一场盛大的演出。地点在皇宫，演出曲子是"钟律"，听众是司马炎及满朝文武。

原来，这位自诩为天下第一音律的大师，掌管着宫廷乐事，并刚刚研制出笛律十二支，正为校正音律而沾沾自喜。

这场演出让阮咸参加，看似盛情，实则不过是荀勖接机炫耀、卖弄。

阮咸不在乎这些，只要有音乐听，他就去。

天才的音乐家总有天才的特质。

阮咸对音乐很敏感，但凡是曲子，只要经他听过，很快就能分出差别，甚至断定是什么器乐，符不符合正音，弹奏技巧和材质如何。世人常说，三国周郎音乐如何，再好也是谣传，但若与阮咸一样懂曲，就是真的"神解"了。

荀勖知道阮咸是音乐高手，但不知有多高，至少觉得不如自己高。

低估对手的代价就是，反被对手一招致命。

盛大的音乐会上，司马炎和众大臣啧啧称是，无不对荀勖创制的音乐盛赞有加。荀勖自然也开心，脸上假装谦虚地笑，心里已经乐开了花。

忽然，一阵刺耳的声音响起。

阮咸心直口快地道："此曲固然不错，可调子过高。调高则生悲，不是兴国之曲，乃为亡国之音。"

众人听罢，一阵惊呼。

阮咸又道："此曲细琢，既不合古雅标准，也不能表现中和、雍容、典雅之境，这恐怕是由古尺和今尺的长短不同所致。"

一言再出。

众人又是愕然，鸦雀无声。

再看荀勖，已脸红脖子粗，很多话挤到嗓子眼，无论如何也发不出。

辩驳？他辩无可辩，阮咸所言切中肯綮。

不辩驳？乖乖认输？那以后如何在朝堂上混，又如何自诩天下第一音律大师？

荀勖想了很久，只好圆场道："雅乐之音，已被我埋于曲中，属于暗声。先生没有听出，只怕还没有品出乐曲的弦外之境。可回家自行品味，到时咱们慢慢切磋。"

虽然下台很难，但荀勖还是擦着满头的虚汗下来了。

自此而后，荀勖经常找阮咸切磋音律。

在荀勖的眼中，切磋目的就是让阮咸明白，他的乐律素养极高，不知比阮咸高出几个段位，委婉地劝阮咸知难而退，莫要再自诩"神解"。

然而，荀勖又一次高估了自己。

他终日与阮咸探讨，探成了探索，讨成了被讨伐。阮咸深厚的音律理论知识，再加上高超的演奏技巧，让荀勖望尘莫及，高山仰止。

荀勖没有劝退阮咸，反而撞得头破血流。

一来二去，他满身的才学几乎耗尽，还探不出阮咸究竟暗藏多少音律知识，只好乖乖躲避，再也不见阮咸。

第五节 英雄惜英雄

比自己强的人如果还留在身边，岂不是养虎为患？

荀勖，一副宽广的身躯内只能装下比豆子还小的心的人，自然急不可待地行动了。借着司马炎本身就不喜欢阮咸的这阵东风，他以饱满的小人之心，热烈地煽风点火。

一场火烧不起来，他就点第二场。

第二场还烧不起来，再点第三场。

……

经过努力地煽风点火，荀勖终于点燃了司马炎，也烧遍了文武百官。阮咸看向这场熊熊烈火，只好远离京师，就任始平郡太守。

始平，西晋新设之郡，治所在槐里，所辖近乎当今的咸阳、户县以西，宝鸡、兴平以南，秦岭以北之地。沃野千里，倘若潜心治理，也许能成为名震四方的青天大人。

阮咸志不在此。

他奉行道家的无为而治，也就是放野。于是，百姓们想怎么过就怎么过，只要不违法乱纪，揭竿而起，他统统不管。

在任期间，政绩谈不上，但简简单单乐逍遥，倒是很不错的生活。

一日，有个农夫忽然到府衙见他。阮咸正在喝酒，也要拉着农夫喝。农夫怎敢与大人同饮，连连推却。

阮咸还拉他，农夫只好跪下磕头。

已经大醉的阮咸，竟端着脸盆大小的酒缸也跪了下来。他喝了几口，逼着农夫也喝，二人很快喝完一大缸。

农夫有些迷糊地道："小人这次过来，有要事说与大人。"

阮咸问何事。

农夫从怀里拿出一把玉尺，打了一个酒嗝道："小人在耕地的时候，无意间拾到这东西。听书生说，这是一把玉尺，卖掉的话，可以换很多钱。"

阮咸一怔，笑问道："那你怎么不卖掉？"

农夫又说道："书生又说，这把尺子是周代的，乃是天下标准尺。如果用它来校准音乐，必然是最精准的。"

阮咸看着他，未发一言。

农夫笑着道："小人听说大人酷爱音律，所以就想着把这把尺子送给大人。"

阮咸道："我这里不是当铺，可没有钱给你。"

农夫很洒脱地道："小人怎么敢要大人的钱？再说，大人一贫如洗，哪有钱给小人？"

阮咸好奇道："莫非，你想贿赂本大人？"

农夫又笑道："大人除了管一管造反，其他的事何曾管过？"

阮咸更是不解道："那你究竟何意？"

农夫笑着道："小人听说过很多大人的传说，也听说，要见大人一面比登天还难。"

阮咸苦笑道："你是为了见我。"

农夫笑叹道："刚开始，小人还在纠结，见大人一面如果不值这把尺子的价，某日会不会后悔。现在来看，小人一点都不后悔。"

阮咸端详着这把尺子，自顾自道："但愿你真的不后悔。"

农夫后来有没有后悔，不得而知。但可以知道的是，荀勖是真的后悔了。他应该后悔当初以小人之心度君子之腹，害阮咸被放任到遥远的始平。

因为，即便他害过阮咸，阮咸仍旧不计前嫌，将这把尺子送给了他。

凭借这把尺子，荀勖用来校正自己所制作的钟鼓、金石、丝竹等乐器，发现都短了一黍粒的长度，不由得叹息一声。

是唏嘘，也是哑然。

他这才发现，原来阮咸音律造诣极高，那日并非刻意跟自己作对，而是指出了他真实存在的弊病。荀勖后期认真改正自己的毛病，并根据新律创作了两支舞蹈，又修正乐器。

然而，直到他死，也没能完成事业。

元康三年（293），晋惠帝司马衷下诏让荀勖的儿子荀藩修订乐器，用于郊祭和宗庙祭祀，也算是让他的后代继承了音律的事业。

大业未成，但家业延续，终究无憾了吧。

第六节　七贤竹林相聚

悠悠湖水，冷冷炊烟。

又是一年寒秋。

阮籍邀阮咸前往嵇山，穿过一片茂密的竹林，在最深处，可见一间竹屋。嵇康就住在里面，看山望水，弹琴吹笛，悠闲自在。

这日，嵇康正在家中挥毫写字，忽然听到一阵脚步声传来。他虽不知是谁造访，但心想无论是谁，先考验一番再说，遂写了首拒客诗，丢下笔匆匆躲进了竹林深处。

阮咸和阮籍进来屋子，空无一人，正在疑惑，却见几案上墨迹未干，便凑过去看。

一共七个字——"竹林深处有篱笆"。

阮籍看向阮咸道："看来，叔夜不欢迎咱们叔侄呀。"

阮咸笑道："是啊，这竹林是他的竹林，篱笆是他的篱笆。竹林有屋不见人，屋里无人却设篱。看来，叔夜是要赶咱们走呀。"

阮籍反问道："你要走吗？"

阮咸笑道："莫非，您觉得侄儿是个知难就退的人？"

阮籍也笑道："你不是，我也不是。"言罢，拿起几案上的毛笔，续了下一句："篱笆难挡笛声转。"

阮咸接过笔，在其下又写道："笛声换来知音笑。"

正要再写，一阵哈哈大笑声忽然响起。

不多时，山涛、向秀、王戎、刘伶等人也都过来了，阮咸说明缘由，四人相视对望，纷纷而笑，一个个提笔续诗。

山涛写道："笑语畅怀凝笔端。"

向秀写道:"笔笔述志走诗笺。"

王戎写道:"笔笔录下珠玑言。"

刘伶写道:"箴言共话咏篁句。"

几人一面写一面读，躲在外面的嵇康全都听在耳中，赞不绝口。

原来，这几句联诗，每句里面都有竹字头，且句末回转，语句非凡。他们号称竹林七贤，又都是爱竹之人，以此为格，甚妙。

末了，他笑着从外面过来，连连称赞。

也走到几案前，提笔添了一句:"篁篁有节聚七贤。"

七人相聚，自是一番调侃，然后，一起踏向清幽静逸的竹林深处。

七贤围坐在石几案前饮酒下棋。清泉就从他们脚底潺潺流过，于秋草遍布的竹林里面自在穿梭。美酒就着秋风和花香，一杯杯饮下，一杯杯沉醉。

阮咸手拿琵琶，信手拨弄起来。

清脆的音符从指间倾泻，化作一汪清泉，温柔在回荡在七人心间。

举酒杯的忘记喝，拿棋子的忘记下，嬉笑的止了声，就连鸟儿和风鸣，也一时忘记了所以。嵇康取出古琴，笑着道:"仲容，我来和你。"

说着，一曲《广陵散》弹起。

其余五人，也取出各自的乐器交相伴奏，既独立又融合，于这秋水、秋林之中，形成悲喜交加、浓淡平衡、醉醒相映的音乐效果。

流连忘返，循环往复。

是年，青草在田野里醉摇，野花在春风里漫舞。

嵇康要去上虞探访亲人，希望阮咸和阮籍相陪。三人结伴前行，一路有说有笑，跨过钱塘江，及至一片民风淳朴的地方——绍兴。

这里有一种酒很有名，叫黄酒。

听当地人说，春秋之际，吴王夫差攻打越国，勾践兵败逃至会稽。

为了保命，勾践卑躬屈膝，成为夫差阶下囚。卧薪尝胆多年的勾践，始终不忘复国之心。他在范蠡的帮助下，献上西施与美酒，这才取得夫差的好感而归国。

为了一雪前耻，勾践养兵富国，历经十余年，终于在会稽兴兵。

越国父老乡亲得知出师，遂献上自酿美酒一坛，投入会稽河，三军迎流而饮，士气大盛，一鼓作气灭了吴国。

阮咸、阮籍和嵇康听说，当年越国百姓自酿的美酒就是黄酒。

有好酒自然要尝。

三人留在绍兴大醉数日，甚是开心。阮籍和阮咸经过商量，还决定在此定居。

第七节 但行好事，莫问前程

转眼数年，风流云散。

阮籍和阮咸经常招山阴、会稽名士前来饮酒游乐，时人称之为"阮竹林社"。

阮社的名声非常大，当地人几乎无人不知。

有个刻薄吝啬的财主，久闻阮咸大名，想请阮咸做独子的老师，就亲自过来拜访。阮咸素知此人奸诈，许多教书先生不仅领不到学俸，甚至还被他败坏了名声。

阮咸见他厚着脸皮而来，不好推却，不如撕开脸皮逗一逗他。

老财主笑着说道："素闻先生大才，今日老夫过来，就是想请先生担任犬子的授业恩师。"

阮咸也笑道："原来是这事，好说。不知，你要打算出多少学俸？"

老财主满脸堆着笑，似乎是有备而来。他从怀里拿出一个银锞子，在手里颠了颠，拍在几案上道："老夫虽是山野之人，但先人在世时，也曾教过几个字。这其中，有几个生僻字最难认识，若是先生能教，一字一个锞。"

阮咸立即明白，笑道："若是教不了，一个字去一银锞？"

老财主呵呵笑道："阮先生果然是聪明人。"

阮咸问道："不知，你要我认什么字？"

老财主眼珠滴溜溜转了一圈，才笑着道："这个不急，等我回家找到先人的遗书，再来请教先生。"

阮咸表示随意。

老财主不知从哪里掏出来一张字据，轻轻推到阮咸跟前道："既然先生都答应了，不如我们先签下字据，到时按字据行事。"

阮咸很慷慨地回了声"好啊"，便拿过字据来，签上自己的名字，按下手印。

老财主怕他反悔，立即抽过字据，连墨迹未干也不顾，生生塞进了怀里。他笑着对阮咸说道："先生是个爽快人，日后犬子学业，还望先生多多费心。"

阮咸满不在乎道："好说，好说，希望你提前备好银子。"

老财主一怔，旋即笑道："那是，那是。"

春花夏荷，秋霜冬雪。

又是一年春花。

按照字据，终于到了发放学俸的时间。

阮咸问老财主道："老东家，今日你是不是该发放学俸了？"

老财主和蔼地笑道："确实应该。"

阮咸道："那请老东家破费吧？"

老财主缓缓跪坐下来，也请阮咸坐下。

老财主很平和地道："先生莫急，不知，先生可还记得一年前的约定？"

阮咸道："当然记得，请老东家赐教吧？"

老财主说了声好。

想了半晌，老财主才又道："'井'里有个人，是什么字？"

阮咸很温和地道："井虽小，但能看见路的人是不会掉进去的。除非，东家所说的是一个'瞎'字？"

老财主是一个文盲，自然不会出拆字的题目。阮咸早已料到，就以生活逻辑去解他的字。

老财主见难不倒阮咸，又问道："河里添个石是什么字？"

阮咸几乎想也没想，脱口而出道："河里投石，自然是嘭的一声。我想，当是一个'嘭'字。"

老财主很不耐烦地掷下两锭银子，有些恼火，但又不能发作，只好再次问道："人字上加上一个人字，那是什么字？"

老财主盲猜阮咸说"仌"字。

谁知，阮咸竟很悠闲地道："是个'摔'字。"

老财主一听，旋即乐起来道："错了，错了。"

阮咸反问道："错了吗？"

老财主仍旧在笑道："简直大错特错。"

阮咸道："错在哪里？"

老财主很得意地道："人上还有一个人，不就是人背人的'背'字吗？

怎么可能是'捽'字呢？"

阮咸依旧很淡然地道："这样吧，咱们试一试。我骑你背上，要是捽不下来，就算我输。"

老财主支吾道："这……"

阮咸笑问道："不肯？"

老财主守财数十年，怎肯输一个子？他轻轻蹲下身子，咬紧牙道:"好，你就上来试试！"

阮咸真的骑到了老财主的脖子上，缓缓地直起身子来。

僵持了一会儿，阮咸才又笑道："忘了跟你说，咱们并没有约定骑着的时间。也就是说，这个要看我的心情，我想什么时候下来，就什么时候下来。"

老财主已经憋得脸色发青，眼前发花，很不耐烦地问道："你想什么时候下来？"

阮咸道："很简单。"

老财主声音沉沉地问道："怎么个简单法？"

阮咸悠然道："你将我捽下来，我就能下来了。"

老财主继续咬着牙道："捽下你我不就输了吗？我不捽！"

阮咸无奈地笑着摇了摇头，左摇右晃了几下身子。老财主脚下一滑，当即扑腾倒地，疼得哎哟哎哟叫个不停。

阮咸上前把他扶了起来，问道："老东家，你说人上面背着一个人，究竟是什么字？"

老财主气道："捽！"

他长长叹了口气，深深地道："我输了！"

老财主不仅给了阮咸打赌输掉的钱，连一年来的学俸也支付了。自此而后，他再也不敢欺骗教书先生，也再不敢与教书先生作对。

因为只要想到讹有学问人的钱，就会想起被摔过的老腰。

阮咸是竹林七贤之中唯一生卒年不详的人。

无人知他生于何时，死于何时，但从《晋书·阮咸传》可知，他无疾而终。

既然寿终正寝，想必应该死在阮籍之后，也应该看到了嵇康之死、山涛之困、刘伶之忧、向秀之难、阮籍之愤、王戎之孤……

而他呢？

想必就是一个恨吧？

他恨怀才不遇，相比被当权者捧在手心的叔公阮籍、一人之下的山涛、仕途平稳的向秀、皇亲国戚的嵇康……

他的才华从不被当权者看在眼里，就连一丁点儿的欣赏也不曾有。

也许，依着他的人生追求，若是真的当了高官，只怕也是无为而治，放任天下，应该不会取得多么耀眼的政绩。

可是，说这些的前提，要经历过才有资格。

那些不曾经历就指三说四的人，多半是求而不得的嘲弄，抑或是遗憾终生的反讽。

昔日的月白风清，终究成了今日的风清月白。

月白风清是彼时彼景的静谧、美好，以及宛如春花与秋草的浪漫。

风清月白恰恰是此情此景的无奈、惆怅，还有剪不断理还乱的愁思与哀伤。

一辈子走到了尽头，任何事都在预定的轨道前行。他看不到任何惊喜，却把生活过得一片平庸。将来，要说唯一的跌宕起伏，恐怕只有生死无常，以及困难险阻了。

如此，可甘？

不甘又能怎样呢？

寂寂夜色，竹影斑驳，断弦震倒了山河。

他在迷迷惘惘的回忆中看到月白，感触到风清，也在一眼不可穿的竹林里，听到丝丝幽幽的笛怨。

悠长，延绵，似近似远。

那是谁在弹奏。

又是谁，在悲欢里述说离合。总之，他的心在听到感同身受的音乐时，忽地愁肠百转，以至于迎着秋风，感慨万千地道："客中月色夜闻此声，使人断肠。"

王戎

第七章／**我自任逍遥，财权两手抓**

第一节　初生牛犊不怕虎

王戎是竹林七贤中年龄最小的一个。

同时，也是最识时务、最会来事、争议最大的一个。

青龙二年（234），王戎出生于魏晋高门琅琊王氏。

琅琊王氏肇端于西汉，发展于魏晋西晋，鼎盛于东晋，绵延至唐末五代。近七百年来，为政治、文化、思想等领域，输送了一大批的人才。

王戎，就是魏晋时期最特殊的一个人才。

他的家境优渥，祖父王雄在曹魏官至幽州刺史，父亲王浑官至凉州刺史，封贞陵亭侯。有了如此厚盾，童年自然过得舒服，享受着衣来伸手、饭来张口、众星捧月……的生活。

这样的孩子应该很娇气，多半生活不能自理。

王戎是个例外。

他不但聪明伶俐、早慧老成，而且自己的事自己做，甚至比成年人还要胆略过人。

一年上元节，华灯初上，热闹非凡。

披红挂绿的宣武场看台上，端坐着魏明帝曹睿及文武百官。大家正在看一场马戏表演，看到兴奋处，也不忘拍手叫好。

虽说有趣，但终究太普通。

太普通的东西，曹睿自然是腻了的。

他心血来潮，忽然想到，如果用锋利的斧子砍断老虎的爪牙，看虎痛苦长啸，血溅四处，应该会很有趣。

另外，这件事不能告诉任何人。

只有突如其来，措手不及，再看大家的反应，才更加真实好玩。

剧情按照曹睿预先设定好的推进。

爪牙一砍，老虎痛不欲生，长声悲啸，当即听到震天撼地的声音。紧跟着，老虎拼命冲撞笼子，哐哐哐如破笼而出！

谈笑风生的文武百官马上哗然一片，竞相奔走。

刹那间，广场上乱成一团。围观的群众也惊呼不妙，跑的跑，散的散，挤的挤，嚷的嚷，叫的叫，喊的喊……

四面八方的救命声，已经盖过了老虎的痛苦声。

危险的事正在危险地发生，淡定的人也在淡定地不动。

曹睿端坐在观礼台中央，镇定地俯视所有的人。

这场堪比烽火戏诸侯的戏码，的确有趣得很。但看着看着，也就一般了。毕竟，任何有趣的事一旦发生，总逃不过平庸。

曹睿是一个爱思考的皇帝。

他从有趣看到平庸，又从平庸的事联想到他那些胆小如鼠的文武百官。他心想，遇到危险，一个个只管跑，终究难成治世能臣。

想到这里，曹睿竟有些惆怅。

忧悒间，他看到了很奇怪的一幕——

一个垂髫少年，正泰然自若地站在兽栏旁观看，一动不动。老虎张开血盆大口，看那愤怒而绝望的样子，真恨不得一口把他吞了。

泰山崩于前。

他不怕，也没有任何反应，仿佛一尊定格了的雕塑。

曹睿见他小小年纪，竟如此大胆出众，遂把他召唤到跟前，问道："你叫什么名字？"

垂髫少年道："王戎。"

曹睿又问道："多大年纪？"

王戎答道："七岁。"

曹睿的惊讶更上一层。

七岁孩童见此场面竟没有丝毫畏惧，真是不简单，就笑着问道："你听到老虎大叫，看到虎血飞溅，为何不怕？"

王戎也笑着反问道："为何要怕？"

曹睿觉得有意思，问道："你不怕它吃你？"

王戎道："它在笼子里。"

曹睿想了想道："如果老虎冲破笼子，一样吃你。"

王戎道："我看了它两刻钟，笼子丝毫没有损坏的迹象。这表明，再给它两个时辰，笼子也不会坏掉。"

曹睿一怔，好奇道："此话怎讲？"

王戎笑道："老虎被砍了虎爪，疼痛难忍，定然以全身力气撞笼。所以第一轮进攻，应该会使出最大力量。然而，那时笼子并没有破。再过些许时间，它再而衰，三而竭，笼子又怎会破呢？"

曹睿想着他的话，无不觉得妙。

王戎道："再说，它应该怕我才对。"

曹睿又是奇道："怕你？"

王戎笑道："我是笼外人，它是笼内虎。它出不来，我却随时可以要它的命。"

曹睿听了，哈哈大笑起来。他觉得这个孩童实在有趣，遂从小就给予了特别的关注。很快，王戎名声远播，以胆大闻名四方。

第二节　神童出现

王戎小时候很聪明。

他遇事爱动脑筋，喜欢举一反三，常常表现出超人的智慧。

一日，王戎跟朋友们在路边玩耍。

及至一棵李树下，抬头仰望，果实累累，鲜红娇嫩，令人垂涎欲滴。众人很想摘下来吃，就一窝蜂地跑过去，你踩着我的肩，我抱着那棵树，争先恐后地往上爬。

王戎看了一眼孩童，又仰望了一眼那棵树，闷声不响地去了一边，自顾自玩起来。

有个路人很奇怪，问王戎道："他们都上树摘李子，你怎么不去呀？"

王戎笑道："我为什么要去？"

路人道："李子很甜，又好吃，你不喜欢吃吗？"

王戎随口道："我当然喜欢吃。"

路人奇道："喜欢吃，为何不去摘？"

王戎看了一眼那人，笑道："因为树上的李子又苦又涩，不好吃。"

路人道："这么说，你摘过上面的李子？因为吃过，所以觉得不好吃？"

王戎很淡然地道："没有吃过。"

路人反问道："既然没吃过，你怎知李子不好吃？"

王戎摇头笑道："这很简单。你看路上的人来来往往，必然有人很渴，也有人想吃李子。可是，为什么没有人摘呢？如果李子好吃，只怕早就被摘光了。"

路人听罢，恍然大悟。

此话很有道理。

只可惜他一个成人也想不到这点，既觉得惭愧，又对面前的垂髫少年很是钦佩。

佩服和喜欢王戎的人很多。

这倒不是因为他样貌有多好看。他五短身材，容貌平常，个子比不过嵇康，脸蛋比不过潘安，最多也就跟刘伶比比颜值，那也是勉强获胜。

如此普通的人，再没有点特长，很容易被淹没人海。

他有特长。

他的特长不是个子，而是一个有趣的灵魂。

王戎初生牛犊不怕虎。无论什么场合，遇到什么人，针对什么问题，都能以意想不到的方式给出诙谐幽默、妙语连珠的答案。

这点，就连阮籍也不得不佩服。

嘉平元年（249）初春。司马氏集团在洛阳发生了高平陵政变，以诛灭三族的残酷手段，将曹爽集团数千人投入历史的大海。

时任凉州刺史贞陵亭侯的王浑受到牵连，被谪官至怀县任县令。阮籍得知消息后，在为王浑感到惋惜的同时，也马不停蹄地前往怀县慰问。

一进王家，撞见十五岁的王戎。

阮籍时年三十九岁，已到做王戎父亲的年纪。在普通人眼中，他们的关系应该像父子，一个用大人的口吻教育，一个以孩子的天真领受。

然而，他们都不是一般人，也不能拿一般标准对待。

阮籍性情高傲，一向以青白眼闻名。王侯公卿再风光神气，于他眼里，也不过粪土尔尔。他的交友标准——没有两把刷子，再有背景也要靠边站。

王浑定然不差。

所以，他们才会相交颇深。

谁也想不到，自打认识王戎后，阮籍的心思全花在这个小娃娃身上，倒把王浑晾在一边。

他跟王戎大谈玄学、庄周、老子，越聊越投机，有时甚至彻夜聊天，不计时间，困了就抵足而眠，一觉天亮。

久而久之，王浑吃了醋，笑道："看来，老子是真的老了。"

阮籍开玩笑道："你的才学和见识比不上你儿子，跟他交谈，才是真正的大开眼界。"

王浑问道："那你能说一说，我这个当爹的，怎么就输给了儿子？"

阮籍道："阿戎特长有四，你比不了。"

王浑讶然道："哦，哪四点？"

阮籍笑道："其一，神采。阿戎目如悬珠，如岩下电。身材不高，样貌一般，但也算眉目清澈，炯炯有神，自有一番风采。"

王浑道："你所说的神采，单指样貌？"

阮籍道："当然不是。那日，他在宣武场上面对猛虎咆哮，湛然不动，了无恐色，这番初生牛犊不怕虎的胆识，非常人可有。"

王浑表示赞同。

阮籍又道："其二，阿戎少年老成。七岁就凭树上多李子，从而断定李子必苦，这既是智慧，又是人生的思考。阿戎每句话都充满了玄意禅理，生来就是研究玄学的最佳人选。"

王浑不反对。

阮籍接着道："其三，阿戎健谈。他善于抓住问题的关键，畅述己见而不偏执。论事评人，中肯有道，关于隐与仕、进与退、权位与养生等、全都了然于胸，深刻思考，亦非常人所及。"

这点，王浑也相信。

最后，阮籍再补充道："其四，阿戎很像当年的我啊。"

王浑一怔，旋即道："这点，我也深有体会。他的处世风格，生命思索，以至于孤芳自赏，跟少年的你挺像。"

阮籍笑道："这就是缘分。我们可以说是志趣相投，又何尝不是同病相怜。"

王浑哈哈笑道："既然是朋友，为何如此悲观？"

阮籍叹道："我们这种人，如不肯屈才，只怕就是嵇康的模样。他年少，尚不知人生苦，等到他知道了，就知道何为'同病相怜'了。"

阮籍对王戎是发自内心的欣赏。

一日，月上梢头，群星璀璨。王戎与阮籍、兖州刺史刘昶（字公荣）等人在石亭聚会，对酒望月，笑看人生，很是欢乐。

阮籍爱酒，也能喝酒，因为酒很少，连自己都不够喝，就没有给刘昶斟。刘昶没有任何的怨恨，仍旧是笑意冉冉。

王戎察觉到不对劲，就偷偷问阮籍道："这个刘昶，究竟是何许人？"

阮籍摇着酒杯，笑着道："胜过公荣的人，不得不跟他喝酒；不如公荣的人，不可不跟他喝酒；只有公荣，才能不跟他喝酒。"

王戎听罢，举杯与阮籍相碰，笑道："嗣宗之言，是酒话又是话酒。这杯，须得与你喝。"

饮罢，三人对望，开怀大笑。

有了阮籍的介绍，王戎很快结识了嵇康、山涛、刘伶等名士。

他还跟着众人，前往过位于云台山百家岩的嵇康别墅。七人结伴而行，寄情山水，醉酒狂饮，谈玄论道，形成震惊天下的竹林之游。

神童王戎，自此名号大声，远播千里。

第三节　选敌人当朋友

王戎也是有理想的。

他想入朝为官，成就一番事业，也想尽快从神童之名中抽离出来，羽化成号令天下的治世能臣。

可是，要做官就得有名望。毕竟，当时选拔人才的机制主要以名望征辟和察举。

如何才能有名望呢？

首先，要成为一名真正的名士。

真名士是有标准的。不是大碗喝酒，大口吃肉；不是见人就喷，特立独行；更不是随便背几句《离骚》，写几篇文章。

成为真名士的因素有很多——日积月累的道德修养，出类拔萃的文学才华，偶然碰到的奇闻逸事，坊间朝堂的大肆传说……

这些，王戎都有了。

可奇怪的是，为何还是没有人征召他为官呢？王戎左思右想，终于明白过来：还缺一个爆炸性的事件。

此后的时间，他都在等这么一个事件。

不久，王浑病逝于凉州刺史任上，王戎在为父伤心的同时，也忽然想到一个计策。

根据官场习俗，凉州当地的官吏和豪绅们必然会赠送大量的祭礼钱，这笔钱数目不小，可达数百万文之巨。

王戎好财，见钱眼开，不可能不为之心动。但一想到不日将会登堂入室，就一咬牙，向着巨款挥手道："走开，你们这些肮脏的粪土。"

那日，大家都来送礼。

王戎不仅一一婉言拒绝，甚至大义凛然地说道："家父为朝廷殚精竭虑，死而后已，从未以权谋私，贪图国财，也从不拿百姓一针一线。他每日反思，想百姓疾苦在前，想朝廷危亡在前，想百代兴亡在前，然后，才想自身荣辱在后。"

众人听得惭愧不已，纷纷自责。

王戎看向他们，很动情地说道："你们过来送金银珠宝，可不就是玷污他的在天之灵？"

众人哑然。

本要送出手的礼，只好遮遮掩掩地拿了回去。

这场谢绝百万"赙礼"的举动，的确出乎所有人的预料。凭借这份认知，王戎很快博得了一个好名声，也为他日后走上仕途埋下伏笔。

可惜，爆炸性事件并没有引来伯乐。

就在他心灰意冷，手足无措之际，一个人突然走进了他的视线——钟会。这个嵇康一生的敌人，也曾让其他六贤避让不及的男人，竟成了王戎的忘年交。

事情要从十几年前说起。

当年，孩提时期的王戎经常跟发小裴楷一起去拜见钟会，几番接触之后，钟会对他们的聪明才学赞叹不已，尤其王戎，他格外赏识。

一日，钟会笑着对二人道："我曾向司马相国引荐过你二人。我说，裴楷清通，王戎简要。后二十年，此二贤当为吏部尚书，冀尔时天下无滞才。所以，从现在开始，你们就要严于律己，宽以待人，时刻准备着吧。"言罢，自顾自哈哈笑了起来。

也许，钟会当年不过是玩笑，但王戎记在了心里。

这些年来，王戎与嵇康、阮籍等渐渐貌合神离，却与钟会成为莫逆之交。

长大之后的王戎，很像西汉时期的匡衡。

匡衡幼年的时候凿壁偷光，对学业和理想矢志不渝，曾激励了一代又一代的人。可是，等他步入仕途、官越做越大之后，就开始中饱私囊，攀附权贵，排除异己，甚为后人诟病。

匡衡的贪欲在于——小时候太穷。

穷人见了钱，怎么捞也捞不够。

王戎不然。

他的家境优渥，自幼不缺金短银。可是，诱惑怎分贫富？一旦人动了邪念，自然就会不择手段。

王戎的手段一如司马昭之心，搭乘钟会这条快车，步步高升。

景元三年（262），发生了一件让王戎很纠结的事。

嵇康被钟会陷害，由司马昭下了诛杀令。这场杀戮看似跟王戎无关，可仔细想想，王戎既然决定跟钟会沆瀣一气，又怎会不知钟会的阴谋？

历史的年轮太匆匆，我们无从知晓当时王戎是怎样想的，何种处境，也不愿意以小人之心度君子之腹。

但我们愿意坚信，王戎不舍得害嵇康。

景元四年（263），秋，沃野千里，一片金黄。

大将军钟会奉司马昭之命与邓艾、诸葛绪等人率十八万大军，兵分三路伐蜀。临行前，钟会始终惴惴不安，就约来王戎，问及伐蜀大业。

钟会很直接地问道："你觉得伐蜀大业可成否？"

王戎深深想了想，才颇有禅机地道："道家有云：'为而不恃。'也就是说，非成功难，保之难也。"

钟会一怔，问道："何为保？"

王戎只是笑了笑。

有些话，他不能说。钟会是何种人？刚愎自用，目空一切，如果说得太明白，反而引火烧身。最后，王戎也只是很谦逊地道："所谓保，便是在做任何事之前，多想一想后路。"

钟会听罢，仰天大笑道："濬冲多虑了。这次伐蜀，我已制定了详备的计划，不足为虑。至于为何出军前踌躇，我也说不上来。也许，一时情绪使然？"

王戎顿了须臾，当即赔笑道："必然是了。那濬冲在京都，提前恭祝大将军凯旋。"

凯旋是真的凯旋。

灭蜀大业完成之后，钟会取得了世人不曾有的名望。

盛名之下，满是夸耀，让他渐渐迷失分寸，居功自傲，目下无尘。他结党营私，构陷忠良，甚至还想独立称王。

终究因谋反罪，他落得个粉身碎骨的下场。

临终之前，不知他有没有想到王戎提及的"后路"二字。若是想过，就该知道，守业更比创业难。

保的精髓，便在于此。

第四节 八面玲珑巧做官

景元五年（264），在钟会的保荐下，王戎按照惯例承袭父爵，并征辟为相国掾，一步步进入国家的心脏——相国府。

此后，王戎与钟会通力合作，逐渐成为司马昭的得力干将，并在长达四十余年的政坛风云里，始终处于"不倒翁"的神话地位。

常青树可不是那么好当的，更何况是政坛常青树。

王戎的秘诀便是——识人。

他很会根据形势品鉴人物，再言简意赅地论断，一语中的。除了很早就看穿钟会，他还一眼就断定了王敦的前程。

王敦是王戎的堂弟。

其人英俊倜傥，文武兼备，一身的儒雅风流，在治军与治理地方上也颇有才干。

有能力、有颜值就算了，他还迎娶了晋武帝司马炎的女儿襄城公主为妻，一跃变成皇亲国戚。除了这些，王敦为人谦虚，口不言财，行事大方，也赢得了满朝文武的一致好评。

然而，这些只是表象。

就像一只笑面虎，如果不去窥探他的内心，谁也猜不出他到底在想什么。

别人猜不出，王戎却了解得很。

数年来，王戎经过细心观察发现，王敦阴险诡诈，野心勃勃，城府极深。

他善于伪装，与人相交时，总是热心肠。一旦涉及利益，就会借刀杀人，扮演受害人的帮衬者，一身正气。到头来，往往人被卖了还要帮他数钱。

这就是王敦的形象——总是背后捅刀,绝不当面撕破脸。

王戎很早就看清了王敦,但从不跟任何人言明。因为他很清楚,这种人惹不起,只能躲。

作为堂兄弟,王敦经常去拜访王戎。每次来家,王戎都以病相推,不愿见面。久而久之,王敦兴趣索然,只好作罢。

谁也想不到,历史竟然惊人地相似——王敦的下场跟钟会如出一辙。

王敦在帮司马睿建立东晋之后,官至大将军,几乎一人之下万人之上。

手握大权不久,他开始居功自傲,燃起勃勃野心,并在别人的怂恿下于永昌元年(322)春正月,在武昌举兵造反,妄图称帝。

结果,落了个葬身长江的下场。

那一年,王戎已经逝世。

如果他看到这一幕,也不知会不会为当初英明的决定而庆幸。透过钟会和王敦事件足以看出,王戎识人是非常精准的。除了识人,他还因人而异地选择交往方式:时而圆滑,时而正直,时而糊涂,时而睿智……

总之,天刮什么风,就说什么话。

他以八面玲珑的手腕从相国掾做起,在短短两年之内,竟历任黄门侍郎、散骑常侍、河东太守等职,还曾被司马昭选派到对吴作战的最前线担任荆州太守。

他的人生比滑雪还顺。

然而,王戎不是完人,甚至有很大的性格缺陷。他贪财,滥用职权,不厚道,有时见利忘义,看不惯的政敌自然要弹劾他。

不过,弹劾是没用的。

因为刚刚以晋代魏的司马炎很器重王戎,不仅无视弹劾,甚至还公然升他的官,让他出任豫州刺史,并加封威武建军。就这样,在朝堂上风头无两的文官，竟然一下子又转升为武将。

运气好的人在哪里都能吃得开，王戎就是那个运气十分好的人。

咸宁五年（279），晋军以二十万的兵力，分五路直取建业、夏口和江陵等地。

大军总指挥杜预经过认真考量，决定任命王戎为方面统帅，并率本部兵马与沿江直下的王濬水师汇合，直取武昌，一举拿下吴军在长江的要地。

王戎很干脆地领了命。

他召开紧急军事会议，并任命参军罗尚、刘乔二人为先锋，各率精英部队渡江夺取武昌。

为了鼓舞士气，他豪气干云地道："诸位将士，统一大业就在前方。历史不会遗忘你们，大晋也不会忘记你们。去吧，为了那心中的理想；去吧，为了那壮丽的山河；去吧，为了那家乡的父老。你们用坚韧不拔、气贯苍穹的志气，勇敢地向前冲吧！"

王戎说得荡气回肠，壮士赴死。

他绝不是只说不干的领导。

他本人的觉悟很高，肩负着非常"危险"的任务，那便是——统帅大军在后方接应。

当时，吴军在江北设立了桥头堡，还占据着蕲春、邾两县，以掎角之势拱卫武昌对岸。罗、刘两位将军决定，兵分两路围困二城，只围不攻，率主力猛冲吴军在江北的防线。

力拔山兮气盖世！

一场激战，吴军惨败。

于是乎，兵败如山倒。

守将杨雍、孙述等人仓皇求饶，相继率部下向王戎军营投降。

吴国江夏太守刘朗也大开城门，敲锣打鼓地迎接晋军入城。

王戎站在高高的山崖上，举目俯视整个战场。

黄沙滚滚，血流成河。

一战终成，万里白骨。

他为牺牲的数万众将士慨叹之余，也更加振奋。

胜局已定，刻不容缓。

于是，他亲自威风凛凛地率领大军直奔长江岸边，吴军牙门将孟泰不敌来势汹汹的晋军，只好主动向王戎献出蕲春、邾二县。

抱拳跪地，俯首称臣。

三国归晋，近在咫尺。

王戎心下暖热，满心的热血和壮志，但他很清楚，眼下不可掉以轻心。前方还有一场硬仗，他必须亲率大军乘风破浪，以赳赳之气横渡长江，驻扎荆州。

终于，大军占据荆州，伟业将至。

面对不齐的民心，他站在插满晋军大旗的城楼上，大声宣呼："吴国大势已去，三国即将谢幕，大晋统一伟业近在眼前。盛唐荣光，我辈开之。归顺我大晋，将永享千载轻徭薄赋，万世安居乐业。"

万万吴国臣民皆臣服。

平吴大业，成矣！

第五节　也曾有抱负和理想

战后安抚是王戎的强项。

大肆宣扬晋朝惠民德政，积极救治受降将士、臣民，全力修建因战争而损坏的房屋，加快接纳无家可归的孤儿……

安抚既是感化的一部分，也是人性的彰显。

在王戎眼里，人不分类别。好人是人，坏人也是人；友人是人，敌人还是人。既然是人，就该以人的宽厚仁德来对待。

他爱人，所以人也爱他。

军民已定，他仍旧不得闲，又去感化吴国遗臣。

王戎听说年近七旬的石伟为人正直，曾任吴国光禄大夫。只因吴廷腐败，容不下清洁之人，他只好请病假长期在家中修养。

王戎很欣赏石伟的刚正不阿、洁身清白，就写了一份文书上呈朝廷。

司马炎也喜欢这种人才，很快批示道："吴故光禄大夫石伟，秉志清白，皓首不渝，难处危乱，廉节可纪。年已过迈，不堪远涉，其以伟为议郎，加二千石秩，以终厥世。"

王戎拿到批文，喜不自禁，当即去拜访石伟。

一进门，就看到一个蓬头垢面、满是银发的老人呆坐在地上。王戎小心地问道："敢问这是石老先生家吗？"

老人忽然瞪大眼睛，看着他道："石老先生，史老先生，还是施老先生……"

王戎被他问得一阵迷糊，只好道："就是那个曾担任光禄大夫的石老先生。"

老人蓦地笑了起来，笑了很久，才道："他，死了。"

王戎认真端详老人，隐约觉得面前人就是，遂上前搀扶，温和地道："想必先生就是吧？"

老人立即甩开他的手，疯疯癫癫地道："我不是……我不是……他被吴国朝廷不容，已经死了，死得透透的了。"

王戎料想，先生所说的死，应该是对朝廷的心灰意冷。

于是，他拿出了司马炎的文书，笑着道："吴国的石老先生也许死了，但大晋的石老先生就要活了。"

老人接过文书，几乎看也不看，疯笑着把文书撕得粉碎，哭哭笑笑，笑笑又哭哭地道："死了，都死了，一国的人全都死了。吴国已死，他怎能活？"

老人血丝遍布的眼睛盯着王戎，诡异地问道："你告诉我，他怎能活？"

王戎一怔，差点蹲坐在地上。

呆了好久，王戎才反应过来——石伟不是真疯，他在装疯。他不愿侍奉大晋，死也不愿。纵然吴国视他如草芥，他却把吴国奉若天宫。

这样忠贞不阿不事二主的人，王戎却忽略了。

他也笑了起来，那种很心酸又很骄傲地笑。

他心酸，是打心里明白：从今而后的石伟，只怕就要贫苦终老，连一顿像样的饱饭也不曾有。他不食嗟来之食，更不愿受人相帮。他如此死，清洁一身，却也心酸一世。

他又骄傲。

因为伟人之所以伟大，正是可以把信仰束之高阁，生不可撼，死也不可撼。

他自己是做不到的。

自己做不到，别人能做到，可不就很值得钦佩？

王戎大笑着走出石宅，悲戚地道："石伟果然是死了，果然……是死了……"

没有招抚到石伟，虽是憾事，但王戎还是制定了一系列恩惠荆州百姓的举措。

不久之后，荆州成为一方乐土。人心归附，四海升平，治安得到改善，百姓生活也有了提高，经济和文化正渐渐恢复且欣欣向荣地发展。

王戎因此获得政功和军功，体现出文治武功的卓越成就。

吴国平定之后，王戎受司马炎所赏，晋爵安丰侯，增邑六千户，赐绢六千匹，一时荣耀，当排竹林七贤之首。

有权有势之后，王戎很想大干一场。

最起码也要像萧何一样，辅佐一统天下的刘邦平治国家，流芳百世。

然而，司马炎还真不如刘邦。

刘邦的毛病纵然一抓一大把，但至少做过许多实事，也算青史留名的帝王之一。

司马炎就不同了。在经历灭蜀、平吴，以及结束长达九十余年分裂局面，实现中国重新统一的大业之后，他开始骄纵淫奢，为非作歹起来。

他大筑高屋凤阙，酒池肉林，夜夜欢歌。尤其喜欢四处搜刮姿色佳人，仅从吴王宫中就掳走美女五千余人。再加上进献的美女，后宫足足撑起万余人。

他每日最愁的事就是，究竟到哪个宫苑睡觉。

后来，他想到一个好的法子，就是坐着羊车，任羊在宫苑里行走，羊车停在哪里，他就在哪里宠幸嫔妃。

有个宫人生出一计。

将竹枝插在门上，再把盐水洒在地上，羊喜欢盐水的味道，就会循着地上的盐水找到竹枝，停下来吃食，羊车自然停在她的宫门口。

如此荒唐的帝王，必然也养了很多荒唐的臣子。

为了争权夺利，臣子们不择手段，相互倾轧。羊琇、王恺、石崇三人逞强斗富，喧嚣一时。司马炎不仅不阻止，甚至还暗中帮助王恺，赐予珊瑚树。

可见，腐败之风，上行下效。

腐败是其中一个方面，冷酷残暴是另外一个方面。

开国之初，他尚能励精图治，仁义治国。开国之后，却大相径庭，杀人如踩蚁。为了帮助白痴儿子司马衷顺利登基，他不惜逼死弟弟司马攸以扫清障碍，可见其血腥手段。

王戎深谙官场之道和王权之弊。

他不是山涛，没有伟岸的胸怀，也不愿以连续几十次上疏的方式坚决辞职，以做对腐败王权的抵触。更何况，他资历怎够，如此做了，又能如何？

蚂蚁撼树，终究徒劳。

他看透了世事。

忽而抬起头，仰望蔚蓝的苍天，任风吹云散，鸟飞花飘。用了很多年，他才终于明白那四个字——明哲保身。

明哲保身的方式有很多种，他却选择了最不堪的一种。

第六节　求得一生乐逍遥

王戎开始搜刮钱财，贪吝爵位，疯狂地追求荣华富贵。

这么做，除了可以闷声发大财，还能躲过权力纷争，并在风云变幻的朝政劈开一条道，左右逢源，谁也不得罪。

当然，后果也是有的，就是从今往后，彻底背负贪鄙的骂名。

骂名就骂名吧。

当世都活不好，何必想来世？再说，来世与自己何干？那是未来人对他的评价，反正也听不到。

依着这种想法，他开启了贪鄙之路。

他把钱和势运用得炉火纯青——横征暴敛，强取豪夺，到处兼并土地田园，到处收购宅邸、园苑、良田、水碓、牛马……只要有价值的东西，统统不会放过。

他还大肆发放高利贷，搜刮民脂民膏。

在担任荆州刺史之时，他就因擅挪公款，又派遣部下为自己修建安乐窝被人举报过。司马炎知道后，仅对他罚了款就宽恕了，调到豫州任刺史。

南郡太守刘肇知道王戎贪财，就把五十端上好的细布藏于筒中贿赂他。细布是巴蜀很名贵的特产，一端两丈有余，价值数金，五十端是非常大的一笔贿赂。

王戎拿到这些东西时，百爪挠心，连连说：“刘太守真是太客气了，这么多布，我怎么穿得过来？”

刘肇笑着道：“您一天换一件衣服，这五十端，也仅够穿半年的。”

王戎嘿嘿笑道：“换衣服这么频做什么，我又不是大姑娘家。”

刘肇道：“那，就给大人找个姑娘穿，大人负责看？”

王戎立即扬手道：“别！比起姑娘，我更喜欢这五十端……”他的手笑嘻嘻地抚摸着竹筒，抽出一块放于阳光下认真端详。

越看越喜欢，越看眼睛越发光。

但他非常理智，尤其听完刘肇请求他办的事情之后，立马将布推了回去，笑道：“刘太守，我一个大男人，还真穿不了这么多布，你还是留给你的妻妾们穿吧。”

刘肇还想再说什么，王戎就是不收。

兴许是预感到苗头不对，在刘肇离开之后，他还专程写了一封信，以表答谢之意。

王戎的预感真准。

半个月后，再次东窗事发——倒霉的王戎又被举报了。

司隶校尉刘毅铁面无私，受理了这件案子。他毫不犹豫地上书弹劾王戎，请求司马炎从严处理王戎。

司马炎问道："案子可查清了？"

刘毅道："已查清。"

司马炎："王戎收了钱？"

刘毅道："没有。不过，他给刘肇写了一封信，表达了感谢之意。这说明，刘肇送布是事实。"

司马炎笑道："刘肇送布是事实，这个我也知道，但这跟从严治王戎的罪何干？"

刘毅在认真地想。

司马炎又道："王戎既是名士，南下平吴也有功，乃国之重臣，国家离不开他，这是其一。另外，他的行为并不是怀私苟得，只是不想与人为异罢了，不必大惊小怪。"

刘毅觉得不妥，想辩驳。然而，司马炎大手一抬，群臣再也不敢反对。

王戎沾沾自喜，心想幸亏没有收下那些布，也幸亏写了感谢信，不然十张嘴也说不清。

大臣们就不同了。

大家都在议论王戎，说他面对刘肇贿赂的事，不仅不斥责，竟还郑重其事地写了感谢信，实在有辱大臣名节。

王戎不在乎。

他心里清楚，众人看不起他，并非只是这些，还在于他身居要位，并没有为国为民，也没有做出什么贡献，属于尸位素餐之流。

简单地说，跟一具尸体差不多。

众人这么认为，王戎也认可。

在很多人看来，王戎似乎是一个寡情的人。因为他的眼里只有钱，人一旦跟钱交了朋友，多半就不会再跟人交朋友。

王戎有时无情，但绝对孝心至诚。

有一年，王戎的母亲去世了。他因此离职，全心在家中守丧。跟竹林七贤的其他人一样，他也不拘礼制，守丧期间饮酒吃肉，下棋看书，不节俗约。

可是，脸色是骗不了任何人的。

尽管他在努力地笑，依然可见憔悴的面容、蜡黄的肤色。

他年纪轻轻，平时走路脚步带飞。而今，即便拄着一根手杖，也要小心翼翼，否则就会摔倒。裴頠前来吊唁，见到这一幕，不无惋惜地道："如果悲痛欲绝可以伤人，那濬冲不免要被人讥讽为惨绝人性。"

当时，和峤也在为父守丧。

和峤是一个遵守礼法的人，量米而食，依礼行事，虽说也哭声连连，寝睡不安，但悲痛之情远不及王戎，更没有因过度伤心而摧垮身子。

司马炎听说了和峤守丧的事，十分感慨地对刘毅道："和峤守丧超出礼制，也损坏了身子，很让人忧虑呀。"

刘毅叹道："和峤虽卧草苫而食米粥，那不过是惜生之孝。至于王戎，形容枯槁，神魂剥离，那是死孝呀，陛下当先为王戎忧虑才是。"

司马炎听罢，顿时也感悟到这点。由于王戎先前患有呕吐病，居丧期间，进食不定，悲痛欲裂，病情又加重了。

司马炎立即派太医过去帮他诊治，还赐予了药物。为了让他专心养病，甚至下令让他断绝与一切宾客的应酬。

母亲之死，对王戎的打击很大。但从这件事中缓过来之后，王戎仍旧是那个王戎。他贪财，也好官，继续一手为官，一手挖钱。

除了贪之外，王戎的吝啬也是千古少有的。

王家种了一片果园，所产的李子又大又圆，甘甜无比。每次树上摘下果实，王戎都叫仆人全部送过来，他要一个一个地查验。

果实有什么好查验的？仆人很好奇，王戎的夫人也好奇。

有一次，仆人刚送来李子，立马就被他支走了。王戎夫人却留了下来，想看看他到底搞什么鬼。只见王戎很欢喜地抚摸李子，从不吃一口。

王戎夫人温柔地盯着王戎，笑着问道："卿，你这是作甚？"

自从成亲以来，妻子总是称呼他为"卿"，这让王戎很不愉快，遂无奈地道："跟你说了多少遍！妇道人家称丈夫应为君，卿乃是我对你的称呼。你这样叫我，不合礼仪，更是大不敬，日后休要再如此叫我了。"

王戎夫人不悦道："亲卿爱卿，是以卿卿。我不卿卿，谁当卿卿。"

一句绕口令似的话，听得王戎耳朵都快生茧了，可依然说不过夫人，只好作罢。他怎么也不会想到，就是这件小事，日后竟流传为一个成语——卿卿我我。

当然，他现在的心思全都在李子上，顾虑不到日后的事。他又开始一枚一枚地抚摸李子了，就像抚摸着自己的儿子。

王戎夫人好奇道："卿，咱们的李子品种优良，从不生虫。你眼前的李子，也都各个饱满，不见瑕疵，有什么好查验的？"

王戎不理她，不知从哪里抽出一根很细的针，挨个往李子中央钻。

王戎夫人惊道："你把这些李子都钻坏了，可怎么卖？"

王戎笑道："这么小的洞，一般人看不出来。再说了，我给李子钻洞，那是有原因的。"

王戎夫人反问道："什么原因？"

王戎很自豪地道："你刚刚也说了，咱们的李子品种优良。这么好的种子，我怎么能随随便便让别人得到呢？我把每个李子的核都钻透，就不能育种，免得让别人断了财路。"

王戎夫人一听，很有道理地笑起来："有道理。李子这么多，你一个人什么时候能忙完？这样吧，你分给下人去做。"

王戎立马反驳道："如果下人知道了，可不就全天下的人也知道了？"

王戎夫人笑道："不会。"

王戎问道："你有办法？"

王戎夫人道："你让人把李子串起来卖，不就可以了吗？"

王戎忽然拍手叫好道："妙！实在是妙啊！别人都是把水果放在篮子里卖，咱们串成串，挂起来卖？"

王戎夫人笑着点了点头。

王戎高兴了很大一会儿，几乎快要飞了起来。沉静下来后，他很神秘地笑了笑，就把房间里的油灯全部吹灭，只留一盏，轻轻移到几案上。

他又去橱柜里搬出一口大木箱，放在几案上，再让夫人跪坐过来。

借着昏暗的灯光，王戎从箱子里拿出钱财宝物和各种生意账目，夫人手持牙筹。

王戎说出一个账目，妻子就用牙筹计算。反反复复，即便增长毫厘的财富，二人也能乐个半天。如果差了分毫的账目，他们就会失落。

王戎那时的财富,在洛阳可谓首屈一指,富可敌国。不仅拥有无数的房宅、奴仆、肥田和水车等,还有很多大把捞钱的肥缺。

拥有这么多钱财的他,大钱花都花不完,却经常为毫厘之差而喜忧。

果真是抠门至极。

第七节　特立独行的吝啬鬼

做人难,做鬼也难,做一个吝啬鬼就更难了。

王戎这样纯种的吝啬鬼,前五百年,后五百年,恐怕都难找到比肩的人。

不舍得吃穿,不出去游玩。衣服无论多破都要补,食物只要不馊继续吃。钱每天都要按时进账,但一分也不许向外流。

做人做到这一步,的确不容易。

有一次,王戎的侄子要成亲。

作为伯父的,随个份子钱很应该。即便随不多,简单意思意思也成。可是,让王戎掏钱,岂不是登天?哪怕是一个子,他也不愿出。

很简单,王戎的逻辑便是,钱只要进了裤腰包,一个子也不能往外蹦。

侄子成亲,总要送东西吧?

王戎左思右想,就把那件许久不穿的单衣送了出去。

侄子本来想,叔父抠门惊天动地,竟能送他一件穿过的单衣,真是叫人感动。日后,谁要再说叔公抠门,他一定将这段感人至深的叔侄关系好好讲一遍,认真给那帮人洗脑。

然而,侄子真的是想多了。

几个月后，王戎就找到了侄子，很痛心地道："哎呀，我的好侄儿呀，明天就要立秋了，叔公至今也没件单衣穿。"

侄儿道："叔公家底殷实，可以买一件呀。"

王戎拍了拍身上各种补丁的衣服，又痛心地道："你看叔公这一身打扮，哪有钱买单衣？这样吧，你把上次那件单衣借叔公穿一穿，过了冬再还你。"

过了冬，自然没有下文。

王戎的一贯作风是，借出去的钱和物：钱要翻倍，物要要回。

王戎吝啬的性格很表里如一，对侄子如此，对亲生女儿也下得去手。

有一年，王戎把女儿嫁给了裴頠。

因为家中生计困难，女儿就向王戎借了几万钱。女儿以为，王戎那么有钱，这几万钱应该不会看在眼里。再说，她花自家的钱，亲生父亲没理由计较。

事实上，女儿也想多了。

吝啬的人对待钱是不分对象的，哪怕是亲生女儿。

每次女儿回家，王戎总是耷拉着脸，也不说哪里不开心，就是很有情绪。女儿猜是那几万钱的事，一咬牙，就把钱还给了他。

拿到钱之后，王戎的脸色立马转冷为热，变了个人似的笑道："女儿真是客气！我的钱还不都是你的钱，怎么还想着还了呢？哎呀，还就还了罢。咱们家族也不算富裕，你们又都不会守财。这样吧，我帮你积攒着，以备不时之需。"他总是这样，嘴上说着客气的话，手早已把钱抱在怀里，一点点数了起来。

王戎是个识时务者。

一切有损自己利益的事，他坚决不做。

更何况，司马炎这样的昏君，肯定不会听他的意见做明君、成大业。只要不学习纣王如何亡国，就已经谢天谢地了。皇帝不好好当，大臣何必较真？

这是王戎真实的想法。

反正都是混日子。

于是，在担任吏部尚书时，他想出一个绝妙的办法：化要职为闲职。

即把道家的"无为而无不为"用于行政，简单说来，就是把日常工作直接交给下属官吏，他只需按时例行公事、检查和监督。

这样做的好处是：属下有功，全归他领导有方；属下犯事，对不起，与我无关。

这是一着明哲保身的好棋。

要下好这盘棋，手里必须有好用的棋子才行。

棋子就是帮手。

王戎识人很有一套，两手各抓一个真材实料的下属：左手叫李重，以清尚著称；右手叫李毅，为人淹通智识。

有了他们，即便王戎躺着数钱，也不怕东窗事发。

太熙元年（290）四月，春。

司马炎去世。

大厦将倾，国运不保，内有王室夺位，外有外戚擅权，乌烟瘴气的斗争，直接诱发了后来的"八王之乱"。

王戎目睹了这场政变。

在狼窝里，再厉害的羊也会被吃掉。

狼吃羊，天性也。

位列三公的王戎，只好选择闭嘴不言。

闭嘴，就是一个字也不说。

每当贾南风皇后问他政事，王戎就推托道："臣得了口疾，每次开口议政，哎呀，脑袋就疼。如果超过十句话，就怕昏倒在地。"

贾南风皇后很了然，笑道："太傅为国操劳，自行歇息吧。"

从此，上朝于他而言，就像一根柱子杵在原地。

事实证明，不发言是对的。因为就在第二年，用各种贬义词都形容不过来的贾南风皇后，掀起了一场波澜壮阔的夺权政变。

勾结司马玮、司马允、司马繇等诛杀杨骏。再迅速铲平杨骏一党，包括杨珧、张劭、杨邈、刘预、李斌、符俊、文淑、武茂等十余家，夷平三族。

宫内也未幸免。

太后杨芷被贬为庶人，囚入金镛城冷宫，落得个活活饿死的下场。

血雨腥风，杀伐成海，王戎全都了然眼前。身为太子太傅的他，守口如瓶，不着一句。

他远远地、静静地看着，无论斗争如何激烈，都只做个局外人。

看客也是有好处的。

战争无论多么残酷，都伤不到自己。无论哪方获胜，为了重塑政治金身，势必还要拉拢一批听话的名士。

也就是说，他这个看客还能捡个便宜。

果然，贾南风和司马亮获胜后，为了安抚混乱的朝政，不仅没有对王戎责罚，甚至还晋升他为中书令，加光禄大夫，又得到随身侍卫五十人的赏赐。

第八节　以沉默应万变

闭嘴不言。

不立功，不站队，不出力，一直保持三不政策，竟不会受罚，还能升官发财。

运气着实地好。

王戎也有点佩服自己的运气了。

升官后的王戎，仍旧游手好闲。他吃饱了闲着没事做，就随手创制了一种先进的选官制度——甲午制。

简单地说，所选官员要先通过试用期，也就是考核完政绩之后，再予以征用或辞退。选官来源有三，有治民经历者，有基层工作经历者，业绩突出者。

理论上看，这种制度给有真才实学的人提供了机会，有利于官员队伍的培养，也对门阀、官员过滥等形成冲击。

然而，王戎终究是太随意，以至于矫枉过正。

他会根据心情频繁调整干部，大手一挥，有的干部任期还不满就被召回重新任命，以至于出现送故迎新、相望道路的尴尬局面。

更有意思的是，全国形成了一幅波澜壮阔的跑官图。

官员们争先恐后下基层。

到基层之后，熬个一年半载，混好了阅历，马上想办法往回调。大家都忙着混日子，混经验，混脸熟，没有人真心忙政务，更没有人管老百姓死活。

没过多久，地方行政管理几近瘫痪。

司隶校尉傅咸再也看不下去，上奏弹劾王戎道："《尚书》中说：'官吏政绩考核，三年一次，经过三年考核，就可以升优退劣。'而今，内外群官任期不到一年，王中书令就奏请召回，未定优劣，随意更换，送旧迎新，道路不绝，真是荒唐至极！"

众官听了，议论纷纷起来。

傅咸又道："此后，巧伪奸诈之事频生，有碍农业、政事。王中书令不依据尧舜经典行事，却举动浮华，毁坏风俗，不但无益，且有大害！"

众官点头，表示附和。

最后，傅咸大声道："臣以为，当免除王戎官职，以使民风淳厚，再现陛下盛德！"

滔滔不绝，句句肺腑。

但无论傅咸说得如何天花乱坠，百官态度如何激烈，王戎始终不置一词，笑靥如春风。

果然，回击一个人最好的方式就是笑。

那人骂得越激烈，你越不必说话，只需始终保持微笑，那么，再凶狠的人也会气个半死。

王戎贱贱的模样，已经让傅咸等百官胸口积血。但他们不会想到，王戎的杀招还在后面。执掌大权的贾充及郭氏都是王戎的亲戚。两人三言两语的陈词，就帮王戎化解了危机。

王戎够贱。

亲戚够狠。

傅咸和官员们就只能够沉默了。

王戎逃过一劫，但也惊出一身冷汗。朝堂的云谲波诡，终究无法预料。这次是侥幸，下次说不准就是不幸。所以，他想得很明白，从此以后低调行事，明哲保身。

做官，他最羡慕山涛。

左右逢源，忠厚稳健，哪怕年近古稀，一样被司马炎奉若精神导师。只可惜，他成不了山涛：因为秉直和忠厚，他一辈子也学不来。

王戎的明哲保身，实际上只是用计谋在维持现状，这跟山涛的本性使然是两码事。

寂寂无声的夜，皎皎如雪的月。

多少的历史风尘，全都葬送在此刻。

此刻是今时，何尝不是前夕？

王戎手中有酒，心里有事，嘴里却无奈地笑道："是非只为多开口，烦恼皆因强出头。"

审时度势，息事宁人。

再加上，无论遇到多大的事，皆少言，微笑之。

那么，多大的事，都不是事。

大权在握的人，总难逃居功自傲。

极大的可能：膨胀。

膨胀是一种扭曲的心理状态，就仿佛一个人遇到了天大的喜事，整夜兴奋无眠、宿醉，一个道理。

居安思危的人，高兴之后——沉寂。

不计后果的人，高兴之后——疯狂。

司马繇就是疯狂的人。

元平元年（291）三月。司马繇联合孟观、李肇诛杀了外戚杨骏，因此功拜右卫将军，领射声校尉，进封郡王，邑二万户；加侍中兼典军大将军，领右卫如故，迁尚书、右仆射加散骑常侍……

一大串的恩赏，估计连他自己也记不住。之后，司马繇又取代司马亮成为宗室代表，独掌刑赏大权。一人之下，万人之上，总算是尝到了权力的滋味。

有权就得让人看到。

最容易看到的方式就是显摆。

最让人感受到显摆的方式就是飞扬跋扈。

司马繇十分跋扈。

一日，司马繇到王戎府上来，聊起闲话，十分愉快。末了，王戎语重心长地劝道："将军，有句话，下官不知当不当讲。"

司马繇大手一挥，哈哈笑道："太傅怎么跟我客气起来了，你说便是。"

王戎想了想，道："大事之后，宜深远之。"

司马繇一怔，旋即又笑道："大事成后，若远而避之，当今世上谁还知我？百废困局，谁又扶之？"

王戎震住。

看来，司马繇根本就不想改。

不改的人，说再多都是自找没趣。他懒得再劝，就笑着点头道："将军说得是。"

司马繇豪迈地笑道："太傅啊，本将军觉得你就是太谨慎。记住，做任何事，如果像一只老鼠，即便他是个人，活得也像只老鼠。"

这话刺耳，但王戎并不辩驳。只是推杯换盏地笑着搪塞过去，就像没有听到一样。

第九节　笑看红尘人不老

不久，司马繇变本加厉起来。

他似乎杀红了眼，看谁都心怀叵测。一日之内，竟随意诛杀、擢升三百余人，甚至有了更大的计划——密谋废除皇后贾南风。

贾南风闻询，立即与司马亮商量对策。

二人敲定计划，由司马亮出面请示晋惠帝司马衷，就说司马繇口出狂言，必须马上剥夺他的权位，并以"公爵"流放蛮荒之地带方。

这场政变也落了幕。

不可一世的司马繇，灰溜溜地走了。

梨花落，秋风残。

王戎轻笑，依旧平淡地喝茶，平淡得仿佛，这些乌云密布跟他没有关系。

有人说他料事如神。

王戎又是笑笑。

笑完之后，还是不置一词。

永康元年（300），司马伦用离间计将皇后贾南风害死，逼迫晋惠帝退位，擅自称帝，年号建始。

当上皇帝之后，司马伦也犯了居功自傲的毛病。

他把大权交给了孙秀。

偏偏，孙秀又是一个小肚鸡肠的人。

有了权力之后，孙秀的第一个想法就是——除掉政敌。于是，司空张华、给事黄门侍郎潘岳、尚书左仆射裴頠、解系、石崇、解结……纷纷倒在孙秀的屠刀之下。

孙秀杀红了眼，仿佛只要是个人，就逃不过死。

王戎也怕，但又不必怕。

这个节骨眼上，女婿裴頠被诛，他因此受牵连被免官。既然免官就不必死了，因为想杀他直接杀就是，何必免官，如此烦琐？

王戎不怕，还有一个原因：有恩于孙秀。

当年，孙秀还是琅琊郡小吏，曾去参加九品中正的考评。主持考评的王衍鄙视孙秀为人，欲将他排斥在外。王戎因见他能力突出，说服王衍，才勉强留用。

孙秀有今日造化，虽说不完全因为王戎，但也要感谢他。

对于恩人，孙秀不忍下手，倒算有些良心。王戎保住了项上人头，多少是欣慰的，但也吓得够呛。如果没有发生当年的事，也许他的脑袋早就搬家了。

又是侥幸。

又是捡回一条命。

又是运气。

人总有把运气用完的时候，经历过这么多生死无常，他总该害怕了，然后退世隐居，好好过日子吧？

王戎没有这个打算。

让他做隐士，一辈子没有钱，一辈子粗茶淡饭？

他不要。

当然，他当官有钱的时候，也是粗茶淡饭。

但吃着粗茶淡饭，大大方方数钱，跟吃着粗茶淡饭，抠抠搜搜数钱，心里落差还是不一样的。

朝堂诡谲，又是杀伐，不知何时休。

但王戎很乐观。

他知道，云早晚有散去的时候，而他也早晚会东山再起。

这一天，还是来了。

永宁元年（301），六月，司马衷复辟，司马颙、司马颖、司马冏三王掌权。

王戎的机会来了，他被征召复官，并任命为尚书令，位列三公。三王联合执政，自然紧握大权，王戎这个中书令就成了虚设。

手中无权，头戴虚衔，别人满不满意不知道，但王戎很满意。

他总是告诫自己，晋室已乱，太想成事只能沦为牺牲品。倒不如，学习春秋的蘧伯玉，且随波逐流吧，还管什么刚直之节？

那就继续享受？

当然了！

于是，他放权、放债、捞钱，坐拥高官厚禄，大肆敛财，闲着没事就去数哗啦啦的金银珠宝。逍遥自在，没人比得过王戎。

以前，他还算一个好官，选拔寒微之士，罢黜徒有虚名之人。

现在呢？

他才不管这些。一切全都随势浮沉，得过且过。

王戎很低调。

每次乘小马从便门出去，见过的人都不知道他位列三公。这点，他倒是满意。但不满意的是，以前的属下见到他也避而远之。

原来，属下们知道他贪财又自私，跟他相交，只怕日后会被清算。

王戎统统知道，但王戎统统不在乎。

不久，三王中的司马颙、司马颖二王相串通，各自找借口带兵回到了自己的藩国。

齐王司马冏很开心。

二王一走，朝中独他大权在握。不日，他就可以逼着司马衷禅让，自己当皇帝。司马冏美梦还没做完，大事就发生了。

司马颙和司马颖联合司马歆、司马虓，各率大军直逼洛阳，一起讨伐齐王司马冏。

一场血雨腥风，又要开始。

第十节　哪有长生无敌

生死关头，无头苍蝇司马冏只能把希望寄托在王戎身上。

他不无惆怅地道："孙秀作乱，天子被幽禁威逼，是我纠合义兵，扫除元恶，尽臣子之节，这是神人共知呀！"

王戎点头。

司马冏又道："如今，二王听信谗言，将要铸成大错，国不可如此啊！"

王戎再点头。

司马冏再道："您是国之三公，谋略过人。希望借卿之忠谋，筹划对策，共渡难关。"

王戎心里想，那两个人要讨伐的是你，关我何事？心里如此想，嘴上却不可直白说。

他绞尽脑汁想，终于想出一套息事宁人的办法，就开口道："公首倡义兵，安定晋室大业，立国以来，未有此人。"

这回换司马冏点头。

王戎又道："然而，论功行赏，终究是漏掉了有功之人，不免让朝野失望，人怀异心。"

司马冏感同身受地点头。

王戎叹道："今二王有兵甲百万，锋芒不可摧。如果您能舍弃朝权，以齐王身份回归府第，也许可以保住原来的爵禄。"

听到这里，司马冏有些犯难了，但还是没有说话。

王戎继续道："所谓，求全以自保。公若委权他人，既得崇让之名，又可免杀身之祸。"

司马冏脸色僵住了。

他看向旁边的谋臣葛旟，葛旟立即勃然大怒道："自汉魏以来，王公失势回府第者，有几个能保全妻子儿女的？发此言论者，莫不是二王之人？当斩！"

一语尽，百官震惊，面面相觑，无不为王戎捏了一把汗。

王戎何止捏了一把汗，简直吓到腿软，跪了下去。

众人更是哗然，以为他被吓傻，笑也不是，怕也不是。哪知，王戎将计就计，忽然装出服用"五石散"药力发作的样子，躺在地上就开始打滚、抽搐。

葛旟呵斥道："这是怎么回事？"

王戎抽搐着道："五石散……五石散……"

司马冏挥了挥手，叹道："先把他拉出去，冲一个凉水澡，等散了热，再拉过来回话。"

两士兵领命而去。

王戎谎称内急，要去厕所，两士兵准允。他进来之后，纠结再三，竟然跳进茅坑以自污。等到士兵要带他走时，闻到身上满是恶臭，厌弃无比。

命令难违，终究还是带他去了朝堂。

满身恶臭熏得众人不停挥手，司马冏也是如此。他只当是王戎服药神志不清所致，哭笑不得地道："真没想到，王戎也会有这一天。此番臭名，不日将天下皆知！"

司马冏只管笑，一挥手，让人抬他下去，也就不再追究了。

王戎大汗如雨地捡回一条命。

他那个时候才明白，原来一言不发不能远祸，明哲保身也不能远祸。要想真正在官场顺风顺水，活下去，没点随机应变的能力，终究不行。

以后，王戎果真如他的名字——追随君王，戎马天下。

只可惜，这个戎马太狼狈了。

永安元年（304）七月。晋惠帝司马衷率大军讨伐司马颖，王戎等百官随行。

军队浩浩荡荡出征，本以为是一场硬仗，不料很快在荡阴大败。

司马衷很倒霉。脸上受伤不说，身上也中了三箭，才知打仗并非儿戏。嵇康之子嵇绍因此遇难，想来也讽刺。

战败之后，王戎随司马衷及群臣被司马颖挟持至邺城。

八月，司马颖被安北将军王浚战败。

王戎等群臣及司马衷，仿佛任人买卖的猎物，又被司马颖挟持到洛阳。一路粗米为饭，甚是可怜。

十一月，司马衷再次被司马颙的将军张方挟持到长安。几个月下来，这位可怜的皇帝，北伐不成，却当了多方人质，也真是无奈。

王戎侥幸脱困，率大军出奔郏县，甘冒白刃之险与敌交锋，一改往日怯懦。战场上，他英勇无比，谈笑风生，不露一丝惧色。

多年之后，兴许连时光也不记得日子了。

王戎如当年的山涛一样老。

他两鬓斑白，身形佝偻，走路也要大喘粗气。只有停下脚步，凝望那山川水色的时候，他才蓦然警觉，自己原来还活着。

他此生办了很多愚蠢的事，如果问他后不后悔，他一定摇头。

事情都做了，已到这个年纪，谈后悔还有意义吗？

不过，此生有两件事还是一直让他愧疚不已的。

第一件，他愧对儿子王万。

王万自幼聪明，少负名望，但就是长得肥胖。王戎让他吃糠减肥，谁知越吃越胖，竟在十九岁时吃死了。

第二件，愧对竹林七贤的美名。

又是一年的春天，又是一个生命争相醒来的季节。

王戎穿好了衣服，像年轻的时候一样，打算骑一匹马，要去一个再熟悉不过的地方。可是，他太老了，连腿都走不利索，如何能骑马。几经挣扎，他终究上不了马，就去了马车里。

车子歪歪扭扭来到了黄公酒垆。他下来车子，看向远处茂密的竹林，看向白白的云，蓝蓝的天，还有群山叠翠。

他苍老的眸子微微眯着，那是笑了。

看了很久，久得仿佛那不是在站着，而是成了雕塑。隐隐约约，恍恍惚惚，他像是再度回到了几十年前。

他和嵇康、阮籍等好友把酒言欢，说尽天下不快事。心中想到什么就脱口而出，不必藏着掖着，叫人猜疑。

只可惜，过往就是过往。

回不去了。

王戎用手杖指着那片竹林，淡淡地道："昔日，我曾与嵇叔夜、阮嗣宗在那边酣醉。每一次，我们竹林七贤一起郊游，我都是最后一个到，想来惭愧。七个人中，我年纪最小，他们都很照顾我，但从不把我当小孩子。"

说到这里，王戎悲伤地笑了。

他仿佛看到了当年的影子，看到众人都到齐了，唯独他还没有来。

终于，逆着光，年轻的王戎气喘吁吁地跑到众人面前。阮籍指着他笑道："你看，这个俗物又来败人兴致了。"

王戎端起一杯酒，一饮而尽，厚着脸皮道："看来，你们的兴致很容易败呀！"

众人听罢，哈哈大笑起来。

这样的画面，真就像昨天一样。王戎的眸子泪珠潸然，深深叹道："自从嵇叔夜、阮嗣宗去世之后，我终日被时务负累，很少跟其他人郊游了。如今……"

如今二字之重，远胜过千斤巨石。

他连连说了三个"如今"，声音凄切地道："如今旧物就在眼前，而人却如远隔着山河。我这把老骨头，再也见不着他们，也说不上话了！"

他在无尽的回忆里，终于活成了回忆。

永兴二年（305）六月初四，王戎在郏县去世，享年七十二岁。

谥号元。

附录

《辞蒋太尉辟命奏记》

籍死罪死罪。

伏惟明公以含一之德，据上台之位，群英翘首，俊贤抗足。

开府之日，人人自以为掾属；辟书始下，而下走为首。昔子夏处西河之上而文侯拥彗，邹子居黍谷之阴而昭王陪乘。

夫布衣韦带之士，孤居特立，王公大人所以屈体而下之者，为道存也。

今籍无邹卜之德而有其陋，猥烦大礼，何以当之？方将耕于东皋之阳，输泰稷之税，以避当涂者之路。负薪疲病，足力不强，补吏之召，非所克堪。

乞回谬恩。以光清举。

《辞曹爽辟命奏记》

违由鄙钝，学行固野，进无和俗崇誉之高，退无静默恬冲之操，猥见显饰，非所被荷。旧素尪瘵，守病委劣，谒拜之命，未敢堪任。

昔荣期带索，仲尼不易其三乐；仲子守志，楚王不夺其灌园。贪荣塞贤，昧进负讯，忧望交集，五情相愧。明公侔踪鲁卫，勋隆桓文，广延俊杰，恢崇大业。

乞降期会，以避清路。毕愿家巷，惟蒙于许。

《为郑冲劝晋王笺》

冲等死罪。伏见嘉命显至，窃闻明公固让。冲等眷眷，实有愚心，以为圣王作制，百代同风，褒德赏功，有自来矣。

昔伊尹，有莘氏之媵臣耳，一佐成汤，遂荷"阿衡"之号；周公藉已成之势，据既安之业，光宅曲阜，奄有龟、蒙；吕尚，磻溪之渔者，一朝指麾，乃封营丘。自是以来，功薄而赏厚者不可胜数，然贤哲之士犹以为美谈。

况自先相国以来，世有明德，翼辅魏室，以绥天下，朝无阙政，民无谤言。前者明公西征灵州，北临沙漠，榆中以西，望风震服，羌、戎东驰，回首内向；东诛叛逆，全军独克，禽阃间之将，斩轻锐之卒，以万万计，威加南海，名慑三越。宇内康宁，苟慝不作，是以殊俗畏威，东夷献舞。故圣上览乃昔以来礼典旧章，开国光宅，显兹太原。

明公宜承圣旨，受兹介福，允当天人。元功盛勋光光如彼，国士嘉祚巍巍如此，内外协同，靡愆靡违。由斯征伐，则可朝服济江，扫除吴会；西塞江源，望祀岷山。回戈弭节以麾天下，远无不服，迩无不肃。今大魏之德光于唐、虞，明公盛勋超于桓、文。然后临沧州而谢支伯，登箕山而揖许由，岂不盛乎！至公至平，谁与为邻！何必勤勤小让也哉？

冲等不通大体，敢以陈闻。

《与山巨源绝交书》

康白：足下昔称吾于颍川，吾常谓之知言。然经怪此意尚未熟悉于足下，何从便得之也？前年从河东还，显宗、阿都说足下议以吾自代，事虽不行，知足下故不知之。足下傍通，多可而少怪；吾直性狭中，多所不堪，偶与足下相知耳。闲闻足下迁，惕然不喜，恐足下羞庖人之独割，引尸祝以自助，手荐鸾刀，漫之膻腥，故具为足下陈其可否。

吾昔读书，得并介之人，或谓无之，今乃信其真有耳。性有所不堪，真不可强。今空语同知有达人无所不堪，外不殊俗，而内不失正，与一世同其波流，而悔吝不生耳。老子、庄周，吾之师也，亲居贱职；柳下惠、东方朔，达人也，安乎卑位，吾岂敢短之哉！又仲尼兼爱，不羞执鞭；子文无欲卿相，而三登令尹，是乃君子思济物之意也。所谓达能兼善而不渝，穷则自得而无闷。以此观之，故尧、舜之君世，许由之岩栖，子房之佐汉，接舆之行歌，其揆一也。仰瞻数君，可谓能遂其志者也。故君子百行，殊途而同致，循性而动，各附所安。故有处朝廷而不出，入山林而不返之论。且延陵高子臧之风，长卿慕相如之节，志气所托，不可夺也。吾每读尚子平、台孝威传，慨然慕之，想其为人。少加孤露，母兄见骄，不涉经学。性复疏懒，筋驽肉缓，头面常一月十五日不洗，不大闷痒，不能沐也。每常小便而忍不起，令胞中略转乃起耳。又纵逸来久，情意傲散，简与礼相背，懒与慢相成，而为侪类见宽，不攻其过。又读《庄》《老》，重增其放，故使荣进之心日颓，任实之情转笃。此犹禽鹿，少见驯育，则服从教制；长而见羁，则狂顾顿缨，赴蹈汤火；虽饰以金镳，飨以嘉肴，愈思长林而志在丰草也。

阮嗣宗口不论人过，吾每师之而未能及；至性过人，与物无伤，唯饮酒过差耳。至为礼法之士所绳，疾之如仇，幸赖大将军保持之耳。吾不如嗣宗之资，而有慢弛之阙；又不识人情，暗于机宜；无万石之慎，而有好尽之累。久与事接，疵衅日兴，虽欲无患，其可得乎？又人伦有礼，朝廷有法，自惟至熟，有必不堪者七，甚不可者二：卧喜晚起，而当关呼之不置，一不堪也。抱琴行吟，弋钓草野，而吏卒守之，不得妄动，二不堪也。危坐一时，痹不得摇，性复多虱，把搔无已，而当裹以章服，揖拜上官，三不堪也。素不便书，又不喜作书，而人间多事，堆案盈机，不相酬答，则犯教伤义，欲自勉强，则不能久，四不堪也。不喜吊丧，而人道以此为重，已为未见恕者所怨，至欲见中伤者；虽瞿然自责，然性不可化，欲降心顺俗，则诡故不情，亦终不能获无咎无誉如此，五不堪也。不喜俗人，而当与之共事，或宾客盈坐，鸣声聒耳，嚣尘臭处，千变百伎，在人目前，六不堪也。心不耐烦，而官事鞅掌，机务缠其心，世故烦其虑，七不堪也。又每非汤、武而薄周、孔，在人间不止，此事会显，世教所不容，此甚不可一也。刚肠疾恶，轻肆直言，遇事便发，此甚不可二也。以促中小心之性，统此九患，不有外难，当有内病，宁可久处人间邪？又闻道士遗言，饵术黄精，令人久寿，意甚信之；游山泽，观鱼鸟，心甚乐之；一行作吏，此事便废，安能舍其所乐而从其所惧哉！

夫人之相知，贵识其天性，因而济之。禹不逼伯成子高，全其节也；仲尼不假盖于子夏，护其短也；近诸葛孔明不逼元直以入蜀，华子鱼不强幼安以卿相，此可谓能相终始，真相知者也。足下见直木不可以为轮，曲木不可以为桷，盖不欲枉其天才，令得其所也。故四民有业，各以得志为乐，唯达者为能通之，此足下度内耳。不可自见好章甫，强越人以文冕也；己嗜臭腐，养鸳雏以死鼠也。吾顷学养生之术，方外荣华，去滋味，游心于寂寞，以无为为贵。纵无九患，尚不顾足下所好者。又有心闷疾，顷转增笃，私意自试，不能堪其所不乐。自卜已审，若道尽途穷则已耳。足下无事冤之，令转于沟壑也。

吾新失母兄之欢，意常凄切。女年十三，男年八岁，未及成人，况复多病。顾此恨恨，如何可言！今但愿守陋巷，教养子孙，时与亲旧叙离阔，陈说平生，浊酒一杯，弹琴一曲，志愿毕矣。足下若嬲之不置，不过欲为官得人，以益时用耳。足下旧知吾潦倒粗疏，不切事情，自惟亦皆不如今日之贤能也。若以俗人皆喜荣华，独能离之，以此为快；此最近之，可得言耳。然使长才广度，无所不淹，而能不营，乃可贵耳。

若吾多病困，欲离事自全，以保余年，此真所乏耳，岂可见黄门而称贞哉！若趣欲共登王途，期于相致，时为欢益，一旦迫之，必发狂疾。自非重怨，不至于此也。

野人有快炙背而美芹子者，欲献之至尊，虽有区区之意，亦已疏矣。愿足下勿似之。其意如此，既以解足下，并以为别。嵇康白。

《与吕长悌绝交书》

康白：昔与足下年时相比，以故数面相亲，足下笃意，遂成大好，由是许足下以至交，虽出处殊途，而欢爱不衰也。及中间少知阿都，志力开悟。每喜足下家复有此弟。而阿都去年向吾有言：诚忿足下，意欲发举。吾深抑之，亦自恃每谓足下不足迫之，故从吾言。间令足下因其顺亲，盖惜足下门户，欲令彼此无恙也。又足下许吾终不击都，以子父交为誓，吾乃慨然感足下，重言慰解都，都遂释然，不复兴意。足下阴自阻疑，密表击都，先首服诬都，此为都故，信吾，又无言。何意足下苞藏祸心邪？都之含忍足下，实由吾言。今都获罪，吾为负之。吾之负都，由足下之负吾也。怅然失图，复何言哉！若此，无心复与足下交矣。古之君子，绝交不出丑言。从此别矣！临书恨恨。嵇康白。

《思旧赋》

余与嵇康、吕安居止接近，其人并有不羁之才。然嵇志远而疏，吕心旷而放，其后各以事见法。嵇博综技艺，于丝竹特妙。临当就命，顾视日影，索琴而弹之。余逝将西迈，经其旧庐。于时日薄虞渊，寒冰凄然。邻人有吹笛者，发音寥亮。追思曩昔游宴之好，感音而叹，故作赋云：

将命适于远京兮，遂旋反而北徂。

济黄河以泛舟兮，经山阳之旧居。

瞻旷野之萧条兮，息余驾乎城隅。

践二子之遗迹兮，历穷巷之空庐。

叹黍离之愍周兮，悲麦秀于殷墟。

惟古昔以怀今兮，心徘徊以踌躇。

栋宇存而弗毁兮，形神逝其焉如。

昔李斯之受罪兮，叹黄犬而长吟。

悼嵇生之永辞兮，顾日影而弹琴。

托运遇于领会兮，寄余命于寸阴。

听鸣笛之慷慨兮，妙声绝而复寻。

停驾言其将迈兮，遂援翰而写心。

《酒德颂》

有大人先生者，以天地为一朝，万朝为须史，日月为扃牖，八荒为庭衢。行无辙迹，居无室庐，幕天席地，纵意所如。止则操卮执觚，动则挈榼提壶，唯酒是务，焉知其余?

有贵介公子，搢绅处士，闻吾风声，议其所以。乃奋袂攘襟，怒目切齿，陈说礼法，是非锋起。先生于是方捧罂承槽，衔杯漱醪。奋髯箕踞，枕麹藉糟，无思无虑，其乐陶陶。兀然而醉，豁尔而醒。静听不闻雷霆之声，熟视不睹泰山之形，不觉寒暑之切肌，利欲之感情。俯观万物，扰扰焉如江汉三载浮萍；二豪侍侧焉，如螺蠃之与螟蛉。

参考资料

获嘉县刘固堤西街村志委员会：《刘固堤西街村志》，2005 年版。

（唐）房玄龄：《晋书》，中华书局，1974 年版。

余嘉锡：《世说新语笺疏》，中华书局，1983 年版。

（西晋）陈寿：《三国志》，中华书局，1982 年版。

（东晋）戴逵：《竹林七贤论》，见韩格平《<竹林七贤论>残句辑注——兼论<竹林七贤论>的文献价值》，《古籍整理研究学刊》，1992 年第 6 期。

程峰：《竹林七贤游历地调查研究》，河南人民出版社，2013 年版。

李庆森：《竹林七贤传略》，河南人民出版社，2013 年版。

韩格平注译：《竹林七贤诗文全集译注》，吉林文史出版社，1997 年版。

（南北朝宋）刘义庆：《世说新语》，上海古籍出版社，1993 年版。

戴明扬：《嵇康集校注》，人民文学出版社，1962 年版。

陈伯君：《阮籍集校注》，中华书局，1987 年版。

汤用彤：《魏晋玄学论稿》，中华书局，1983 年版。

王晓毅：《竹林七贤考》，《历史研究》，2001 年第 5 期。

卫绍生：《竹林七贤若干问题考辨》，《中州学刊》，1999 年第 5 期。